Les Héritiers
les étudiants et la culture

继承人
大学生与文化

Œuvres Choisies
de la Pensée et de la Culture
Françaises Contemporaines

当代法国思想文化译丛

杜小真 高丙中 主编

Pierre Bourdieu　Jean-Claude Passeron

Les Héritiers
les étudiants et la culture

当代法国思想文化译丛

继承人

大学生与文化

[法] 皮埃尔·布尔迪厄　J.-C. 帕斯隆　著

邢克超　译

Pierre Bourdieu et
Jean-Claude Passeron
LES HÉRITIERS
© Les Éditions de Minuit, 1985
本书根据法国午夜出版社 1985 年版译出

本书出版得到法国外交部的资助
Ouvrage publié avec le concours du
Ministère Français des
Affaires Etrangères

当代法国思想文化译丛
出 版 说 明

法国思想文化对世界影响极大。笛卡尔的理性主义、孟德斯鸠法的思想、卢梭的政治理论是建构西方现代思想、政治文化的重要支柱；福科、德里达、德勒兹等人的学说为后现代思想、政治文化奠定了基础。其变古之道，使人心、社会划然一新。我馆引进西学，开启民智，向来重视移译法国思想文化著作。1906年出版严复译孟德斯鸠《法意》开风气之先，1918年编印《尚志学会丛书》多有辑录。其后新作迭出，百年所译，蔚为大观，对中国思想文化的建设裨益良多。我馆过去所译法国著作以古典为重，多以单行本印行。为便于学术界全面了解法国思想文化，现编纂这套《当代法国思想文化译丛》，系统移译当代法国思想家的主要著作。立场观点，不囿于一派，但凡有助于思想文化建设的著作，无论是现代性的，还是后现代性的，都予列选；学科领域，不限一门，诸如哲学、政治学、史学、宗教学、社会学、人类学，兼收并蓄。希望学术界鼎力襄助，以使本套丛书日臻完善。

商务印书馆编辑部
2000年12月

目　录

告读者 …………………………………………………………… 1
第一章　中选者的选择 ………………………………………… 3
第二章　严肃游戏与游戏严肃 ………………………………… 37
第三章　学徒还是小巫？ ……………………………………… 71
结　论 …………………………………………………………… 89

附录 I　法国的大学生——1960—1963 年统计数据 ………… 103
附录 II　几项调查结果 ………………………………………… 123

告 读 者

本文的主要依据,是我们在欧洲社会学中心进行的一系列调查①(其完整结果业已发表)、国家统计与经济研究所和大学统计局提供的数据以及一些专题研究和初步调查。后者是由我们自己,或者在我们指导下,由巴黎和里尔社会学专业的大学生分组或独自完成的,包括:大学生中的相互了解(里尔小组)、在考试面前的不安(B. Vernier)、一体化的尝试(里尔小组)、大学生的闲暇活动(G. Le Bourgeois)、大学生们心目中的大学生(巴黎小组)、巴黎大学古代戏剧小组及其观众(巴黎小组)。

我们之所以很少提及对全体大学生或其他学院大学生的各种调查(大学生与政治、里尔大学图书馆的使用者、医科大学生、女大学生),并且文科大学生在我们的分析中占据着特殊地位,是因为他们对我们的研究对象——大学生与文化的关系——具有典型意义,这一点后面可以看到。②另外,我们并非不知道,在现在为数

---

① 布尔迪厄和帕斯隆:《大学生及其学业》(Les étudiants et leurs études),《欧洲社会学中心手册》(Cahiers du Centre de sociologie européenne),高等实践学校出版物,穆东与C^{ie}出版社,1964年,巴黎。

② 见第19页(本书的参见页码为原书页码,即本书边码。——编者)。

众多的对文化与教育的研究中孤立地分析文化特权,就把可能提出来的无数问题化约为一个问题。但是,为了抓住一般提问方法几乎总是掩盖的根本问题,难道不应该冒这个风险吗?

第 一 章

中选者的选择

北美洲的印第安人,曾经极力效仿有幻觉者的举止。尚未"探求幻觉"的年轻人,一般都要被带着去聆听别人有过的幻觉中的故事。这些故事很多,它们详细描述了被视为"真实景象"的经历和特殊的环境……这一环境使超自然的会见产生效果,赋予这些人打猎、从事战争等权力。但奥马哈人却不同,故事不交代有幻觉者看到的具体内容。经过更深入的考察,人们清楚地看到,幻觉并不是随便什么人只要探求便能得到的一种神秘经历,而是一种精心保护的方法,以使某些家族继续属于巫师社会。原则上讲,自由探求的幻觉可以使人进入社会。但是,幻觉是所有年轻人都能探求并得到的、并无具体规定的神秘经历这一说法,已经被严格保守的秘密所推翻。这些秘密涉及构成真正幻觉的所有方面。想进入强者社会的年轻人,应当躲到僻静之处,不进饮食,回来后向长者叙述他们的幻觉。但是,如果出身于非杰出家庭,他们的幻觉不能被认证。

玛格丽特·米德[①]:
《文化发展的连续性》

---

① 玛格丽特·米德(Margaret Mead,1901—1978),美国人类学家。——译者

发现不同社会阶级接受高等教育的人数比例不均并为之惋惜,能不能一劳永逸地消除在教育面前的不平等?反复讲高等学校里仅有6%的工人子弟,是不是为了得出大学生群体隶属于资产阶级的结论?或者说,人们以反对事实来代替事实并往往取得成功,是不是要自圆其说,宣扬能反对自身特权的集团就不是特权集团?

或许,不同社会阶层在教育面前最初的不平等,在高等教育阶段首先表现为接受高等教育的人数比例不均。还应当注意到,出身于就业人口中人数最少的社会属类的人,在大学生中占的比例最大。所以,不同阶级出身的大学生占的比例只是部分地反映了教育方面的不平等。对父亲职业与儿子进大学机会关系的粗略统计显示,农业工人的儿子上大学者不到1%,70%的工业家儿子上大学,自由职业者儿子上大学的比例超过80%。这一统计清楚地表明,教育系统客观地进行着淘汰,阶级地位越低受害越深。但是,人们对教育方面不平等的某些较为隐蔽的形式,如中下层阶级子女集中于某些专业并且学习进度迟缓,察觉得不够。

人们从接受高等教育的机会当中看到了一种选择的结果。这种选择贯穿整个学习过程,对社会出身不同学生的宽严程度极不平等。对地位最低的阶级来说,简直就是淘汰。①

---

① 见表1及第13—17页图。附录中有对全体大学生的各种统计及说明,介绍了计算不同社会出身和性别的学生进入高等教育的机会和从事各种学业的概率所用的方法。(此处加下圆点,以示强调,下同。——译者)

表 I 不同社会出身的人的学习机会

(1961—1962)

家长的社会-职业属类	学生性别	入学机会%	条件概率(%) 法学	理学	文学	医学	药学
农业工人	男	0.8	15.5	44.0	36.9	3.6	0
	女	0.6	7.8	26.6	65.6	0	0
	平均	**0.7**	**12.5**	**34.7**	**50.0**	**2.8**	**0**
农民①	男	4.0	18.8	44.6	27.2	7.4	2.0
	女	3.1	12.9	27.5	51.8	2.9	4.9
	平均	**3.6**	**16.2**	**37.0**	**38.1**	**5.6**	**3.1**
服务人员	男	2.7	18.6	48.0	25.3	7.4	0.7
	女	1.9	10.5	31.1	52.6	4.7	1.1
	平均	**2.4**	**15.3**	**41.3**	**37.0**	**5.5**	**0.9**
工人	男	1.6	14.4	52.5	27.5	5.0	0.6
	女	1.2	10.4	29.3	56.0	2.6	1.7
	平均	**1.4**	**12.3**	**42.8**	**39.9**	**3.6**	**1.4**
一般雇员	男	10.9	24.6	46.0	17.6	10.1	1.7
	女	8.1	16.0	30.4	44.0	6.1	3.5
	平均	**9.5**	**21.1**	**39.4**	**28.6**	**8.6**	**2.3**
工商业主*	男	17.3	20.5	40.3	24.9	11.0	3.3
	女	15.4	11.7	21.8	55.7	4.8	6.0
	平均	**16.4**	**16.4**	**31.8**	**39.1**	**8.1**	**4.6**
中级职员	男	29.1	21.0	38.3	30.2	8.5	2.0
	女	29.9	9.1	22.2	61.9	3.4	3.4
	平均	**29.6**	**15.2**	**30.5**	**45.6**	**6.0**	**2.7**
自由职业者与高级职员	男	58.8	21.8	40.0	19.3	14.7	4.2
	女	57.9	11.6	25.7	48.6	6.5	7.6
	平均	**58.5**	**16.9**	**33.3**	**33.2**	**10.8**	**5.8**

---

① 这两个纯粹是统计上的分类,他们包含了多种不同的社会集团:农民包括所有农业经营者,而不管其经营规模;除手工业者和小商人之外,工商业主还包括在统计中未能单独计算的工业家。在另外的统计中,后者是高等教育的最大用户之一(见附录 I,表 1.9)。因此,审慎阅读上表的办法,是主要关注最同质的属类。

高级职员儿子进大学的机会,是农业工人儿子的80倍,是工人儿子的40倍,是中级职员儿子的2倍。这些数字把对高等教育的利用划分为四个层次:处于最不利地位的属类,今天只有象征性的机会送子女上大学(不足5%);某些中间属类(一般雇员、手工业者、小商人)的机会近年来有所增加,在10%—15%之间;中级职员的机会比前者约高出一倍(接近30%);高级职员和自由职业者再翻一番,接近60%。尽管有关的人并未有意识地评价这些客观学习机会方面的差异,但它们是如此之大,以各种方式反映在日常感觉之中,并且决定着不同阶层对高等教育的看法,即它是"不可能的""可能的"还是"正常的"前途。而正是这些看法决定了对学业的选择。高级职员的儿子和工人的儿子,不可能对将来的学业有共同的体验。前者进大学的机会超过二分之一,在他周围,甚至在他家里,接受高等教育是很平常的事。后者进大学的机会不足五十分之一,只有通过中介人或中介环境才能了解大学的学业和学生。

我们知道,随着社会等级的提高,家庭外的联系也在扩展,但仅限于相同的社会层次。所以,对社会地位最低的人来说,接受高等教育的主观愿望比客观机会还要小。

在根据社会出身对学习机会进行的这一不平等分配中,男女大致上是平等的。不过,女孩略显不利,尤其是在下层阶级里。就整体而言,女孩进入高等教育的机会略高于8%,男孩为10%。男女接受高等教育机会的差别在下层社会中更为明显。在中高级职员家庭中,这一差别趋于减弱或消失。

8　继承人——大学生与文化

不同社会出身者的学习机会

	就业人口（百万）	大学生（千）
农业工人	0.85	1.2
工人	7	13.6
服务工人	1	1.9
农民	3	11.8
一般雇员	2.42	16.7
工商业主	2	37.5
中级职员	1.5	37.9
自由职业者、高级职员	0.76	60.4
无业者	?	14.8
其他	0.6	16.4
工厂老板	0.08	8.4

* 感谢波尔坦先生提供的第14、15、16页的图表，图表是由巴黎高等实践学校实验室制作的。

第一章 中选者的选择 9

百名20岁青年中
大学生数
（高教入学概率）

0.7 男0.9
女0.8
1.4 男1.8
女1.2
2.4 男2.7
女1.9
3.8 男4
女3.1
9.5 男10.9
女8.1
16.4 男17.3
女15.4
29.6 男29.1
女29.9
58.5 58.8
57.9

不同社会出身和性别者进入各专业的概率

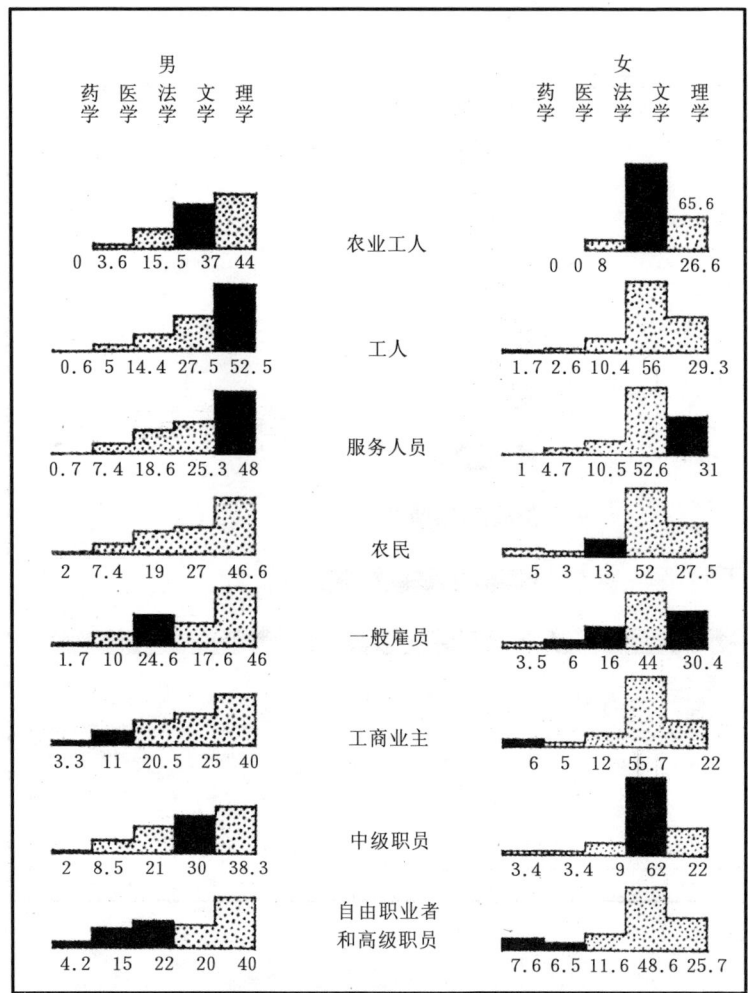

黑色者为每个专业两个最高的概率。各专业概率根据注册学生数量计算,各社会-职业属类概率根据进入高等教育的概率计算。

学习方面的不利还表现在，就有理由考虑的学业而言，各类学生受到的对选择的限制也不同。因此，同一社会出身的男女青年上大学机会的接近，不应掩盖如下事实：进入大学后，他们不学同一专业的可能性很大。首先，不管出身如何，女生选文科的可能性最大，男生选理科的可能性最大。我们承认，这是受传统的男女劳动分工模式（和"天资"）的影响。比较普遍的情况是，更多的女生被判定进入培养教师的文、理学院：农业工人的女儿上大学后进这两个学院的机会为92.2%，同一出身的男生进这两个学院的机会为80.9%；工人的儿子和女儿进这两个学院的机会分别为80%和85.3%；一般雇员的儿子和女儿进这两个学院的机会分别为63.6%和74.4%；中级职员的儿子和女儿进这两个学院的机会分别为68.5%和84.1%；高级职员的儿子和女儿进这两个学院的机会分别为59.3%和74.3%。

女学生的社会出身越低，选择越可能受限制。中高级职员女儿的情况可以反映出这样一种逻辑：上大学是以在选择专业方面受限制为代价的，社会出身不同，这一限制的严格程度也不同。中级职员子女上大学的机会最接近，但他们的女儿被放逐到文学院的机会（61.9%）也明显高于其他所有社会职业属类（农业工人除外）。与此相反，出身于上层社会的女生上大学的机会与男生明显相等，进文学院的机会也少些（48.6%）。

一般说来，在选择专业方面受到的限制，下层社会大于上层社会,女生大于男生。下层社会女生的处境最为不利。①

最终看来,性别方面的不利主要表现在把女生放逐到文学院,但社会出身方面的不利造成的后果要严重得多,因为它既表现为对出身低下的儿童的纯粹淘汰,又表现为对免遭淘汰的人在选择专业方面的限制。这样,这些学生就被迫选择文学院或理学院为代价进入高等教育。后者对他们来说,只开这两个门,而不是全部的五个门。高级职员子女学习法律、医学或药学的机会为33.5%,中级职员子女为23.9%,工人子女为17.3%,农业工人子女为15.3%。

但是,出身于某一社会职业属类家庭的学生在文学院注册的机会,只能含混地反映对出身于下层阶级者的放逐。实际上,还有另外一种现象与上述情况相互影响:文学院及其中的社会学、心理学或语言等专业,也可能成为出身于就学机会最多阶级的大学生的避难所。这些人因社会原因被"强迫"接受高等教育,但缺乏积极的动机,只好选择这些至少表面上给他们以社会声望的专业。因此,出身于某一社会职业属类的学生在文学院中所占比例的含义不很清楚。文学院对一些人来说是强制选择的结果,对另一些人来说则是避难所。

如果说进入各专业的不同可能性确实导致了放逐现象的

---

① 以上说明,旨在总结人们在条件概率中见到的趋势——几乎总是由社会出身的高低决定机会的多少。但是应当指出,一般雇员这一属类经常打乱那些最为肯定的趋势:出身于一般雇员家庭的男女青年,学医的比例高于中级职员子女,学习法律的比例最高。在这方面,人们大概可以发现小资产阶级对学业和社会地位升迁的态度产生的某些结果。

产生，人们就可以预料，教育机构的等级化可以导致由社会地位最高者独揽最高学府。由此，高等师范学校和综合技术学校①里出身于上层社会的学生比例最高，出身于高级职员和自由职业者的学生分别占两校学生总数的57%和51%，出身于中级职员者分别占26%和15%。②

教育面前不平等的最后一种表现，是出身于下层的学生入学晚，进步慢。这在各种水平的课程中都可以见到：阶级地位越低，标准年龄（即该年级最常见的年龄）学生的比例越小；越是高年龄组中，出身低下的学生的比例越大。③

如果说被迫选择文理学院确实是中下阶层在教育方面的不利的表现（尽管他们甚至把这种命运当作志向来体验），如果说理科学业确实与社会出身关联较少，④如果人们同意社会出身的影响在文科教育中表现得最为明显这一观点，那么把文学院视作研究文化因素对教育不平等作用的最好场所，看来是完全合理的。呈同步曲线状的有关统计，只能揭露结果、淘汰、放逐和耽搁。与常理相悖的观点实际上要说的是，与其他地方相比，在文化方面处于最不利地位的人所受其地位的影响，在被这一不利地位所放逐的地方最大。

经济方面的障碍，不足以解释"教育死亡率"会因社会阶级不同而有如此巨大的差别。在15—20年中，学校对出身不同的人采

---

① 同属法国地位最高的几所"大学校"，后者亦译作"理工学校"。——译者
② 见下面表II。
③ 见附录II，表2.11。
④ 见附录II，表2.51—2.53。

表 II 大学校[①]学生的

父母(家长、母亲或监护人)职业[*]	学校				学校		学校	
	综合技术	中英工艺	矿业	高等航空	高等电力	化工	国立工艺	里昂应用科
0.农民	1	2	5	5	4	5	5	6
自耕农	1	2	3	4	3	3	5	2
佃农	»	»	2	1	1	2	»	4
1.农业工人	»	»	»	»	»	»	1	1
2.工商业主	13	12	13	31	19	19	19	18
工业主	5	3	4	18	6	5	4	2
手工业者	2	2	3	4	3	4	9	7
小商人	6	7	6	9	10	10	6	9
3.自由职业者与高级职员	57	47	41	33	42	30	19	19
自由职业者	16	7	9	13	11	7	3	4
大中学教师(私立)	8	»		»	»	»	»	3
大中学教师(公立)		4	10	4	3	3	2	
高级职员(私营)	14	20	11	5	11	10	8	5
高级职员(公立)	19	16	11	11	17	10	6	7
4.中级职员	15	18	18	19	17	19	19	16
小学教师(私立)	2	5	»	»	»	»	»	»
小学教师(公立)	7		4	4	4	5	5	6
中级职员(私营)	3	13	8	11	5	7	6	4
中级职员(公立)	3		6	4	8	7	8	6
5.一般雇员	8	9	12	8	8	11	10	16
办公室雇员	5	9	11	7	6	7	7	13
商业雇员	3		1	1	2	4	3	3
6.工人	2	2	5	2	7	7	17	14
工长	2	1	1	1	2	2	5	2
工人		1	4	1	5	5	11	11
非技术工人			»	»			1	1
7.服务人员	»	»	»	»	1	1	2	2
8.其他	3	4	1	1	»	3	3	5
9.无业者	1	6	5	1	2	5	5	3
总计	100	100	100	100	100	100	100	100

① 法国特有的一类高等教育机构,规模小,选拔严,水平高,学生出路好,地位优于大学,以培养各方面(尤其是工商业)的高级应用人才和管理人才为主要任务,是法兰西"精英"的摇篮。——译者
② 均为以其地址命名的高等师范学校名。——译者
* 当父母退休或死亡时,取其最后从事的职业。

社会出身(%)(1961—1962)

高等师范		学校			农业			占就业人口的%(1954)	该社会出身者在全体大学生中占的比例(各个学科)(%)
下姆和夫尔②	圣克鲁和枫特纳②	政治	高等商业研究	高等商业	国立农学院	农业学校	兽医学校		
	1	7	8	4	20	28	15	20.8	6
1	5	7	3	20	26	15		4
	2	1	1		2			2
»	1	»	»	»	»	»	6	»
9	14	19	32	37	15	19	12	18
2	»	8	12	3	2			5
2	7	3	3	18	2	2		4
5	7	8	17	19	10	15		9
51	18	44	34	29	22	30	2.9	29
7	»	15	8	9	4	14		10
7	»	1	»	8	3	»		1
26	9	2	1		4		5
4	3	15	17	12	8	3		7
7	6	11	8		7	9		6
26	24	13	14	»	18	10	5.9	18
1	»	3	»	4	»		1
13	14		2		5		5
5	6	7	6	6	6	4		5
7	4	3	6		8	1		7
5	10	8	5	7	4	11	10.9	8
3	7	5	3	7	3	9		5
2	3	3	2		1	2		3
3	15	2	5	»	5	2	33.8	6
1	3	1	2	1	»		2
2	12	1	3	4	2		3
»	»	»	»	»	»		1
»	2	1	»	»	1	»	3.6	1
1	4	2	1	»	2	8		8
4	5	3	5	7	5	5	4.5	6
100	100	100	100	100	100	100	100	100

来源:《法兰西档案》,第45号,1964年。

取的行动是要使他们一致,其中处于最不利地位的人只需求助于更强的适应性和更有利于规避淘汰的家庭环境。但是,即使如此,即使没有其他任何标志,也不知道学校不间断地淘汰出身于下层的儿童众多的、往往是迂回的途径,人们在高等教育阶段仍然可以发现与社会出身明显有关的态度和能力方面的差异,而这个事实也可以证明出身低下的儿童有许多文化障碍要克服。①

在造成差异的各种因素中,社会出身无疑对大学生界影响最大,超过了性别和年龄,尤其是超过了这种或那种明显表现出来的因素,如信奉何种宗教。

> 即使公布宗教信仰是一种进行明确分类的机会,即使"做弥撒者"与"不做弥撒者"或"反对做弥撒者"之间的差别具有重大的分类作用,属于何种宗教,甚至是否坚持参加宗教活动,也不能决定重大的差异,至少在涉及对学校和学校文化的态度时是这样。当然,参加一些小组或宗教运动(尤其是天主教运动),使大学生,特别是女大学生,得到了在比较一体化的次要团体中进行有组织和定期接触的机会,那些"小组""之家"或"联合会"成为家庭环境的替代物;信仰天主教的大学生来自私立中学的比例较高(51%,非天主教信徒仅为7%);思想和哲学方面的态度与信仰和参加宗教活动的多少有明显关系:在承认自己属于某一思想派别的信奉天主教的大学生中,43%的人提到的是人格主义,9%的人提到的是马克思主义,48%的人提到的是存在主义,而53%的非天主教教徒提到的

---

① 见第42和第43页。

是马克思主义,7%的是人格主义,40%的是存在主义;还有,信奉天主教的大学生,似乎把行善与助人的伦理注入了学习和对未来的向往之中,年轻姑娘们对此尤为热情。但是,在纯粹属于学校范畴的行为举止方面,宗教属性从未使统计数据有明显区别。

在一个每年更新的环境和一个赋予早熟以巨大价值的系统中,年龄,更准确说是资历,具有不平常的意义。或许,一些行为、举止、观点都体现了老化的影响。按照这一逻辑,人们便可以理解,随着年龄的增加,大学生对政治和结社的兴趣增加,单独居住的现象越来越普遍,课后打工的情况也多了起来。但是,与此相反,还有许多现象似乎与在学年龄有关,即与实际年龄和大学生达到某一年级时的标准年龄的关系有关。尽管成熟与对独立的向往随年龄的增加而发展,简单意义的年龄增加对行为举止的影响这一点不难发现,应当说校内老化的含义与影响要难掌握得多。因为,老大学生不仅是年纪大的学生,而且是各年龄组里都存在的一类大学生(不同社会阶级中情况不同),学校的某些特点事先就决定了他们在学习中的老化。① 另外还有一点,对生活的不同方面,尤其对出身不同、专业不同的学生来讲,年龄的影响决非相同。如前所述,年资可以是一种社会缺陷的表现,反之它也可以成为作"永久大学生"的特权。

在定义不同的机会以及生活或工作条件的时候,社会出身是

---

① 见附录 II,表 2.21—2.28。

诸因素中唯一把影响扩散到大学生经历的各个方面和各个层次的。不过,它首先影响的是生活条件。居住情况与日常生活方式、经济来源及其分配、依附感的强弱与方式——它和经历的性质及与之有关的价值观一样,随经济来源的不同而变化。所有这一切都直接地、强烈地受社会出身所支配,同时又接替了后者的影响。

家庭的资助,只能保证14%的出身于农民、工人、一般雇员和下层职员家庭的大学生的生活,对出身于高级职员和自由职业者的大学生来说,这一比例超过57%;前者中36%的人不得不在学习之余找活干,后者中只有11%。在这种情况下,怎么能,哪怕是以简单化的方式,用"大学生的境遇"来说明这个阶层的情况呢?经济来源的性质或数量以及由此产生的对家庭的依附程度,从根本上把大学生按出身分开:除其数目从不足200法郎到900法郎以上,在其他便利条件(如衣着是否由家里负担)和钱的来源方面,收入也无法具有相同的含义。最后,与家庭一起生活的大学生只能算不完全的大学生,把他们的情况与大学生的境遇混同起来是徒劳的。他们的境遇,与其说是真实的情况,不如说是诱人的图画。由于他们经常从家中得到生活必需品,考虑大学生情况时可以把他们排除在外。住在家里的大学生,出身于农民和工人家庭者为10%—20%(各专业不同),出身于上层阶级者为50%,有时达60%(尤其是女大学生)。①

---

① 见附录II,表2.1—2.5。

这些差异十分明显,毋庸置疑。于是,人们一般就从大学生在学校的活动中去寻找,力求发现一种定义的原则,维护下述观点:大学生的境遇是统一的或能使大学生统一化。从其他方面看,大学生的情况千差万别,但他们有着共同的本职任务,那就是学习。这就是说,不考虑学习是否用功和如何学习,大学生都在承受和体验着自己的职业前途从属于一个系统的事实,这一系统用文凭垄断着一种在社会上取得成功的主要方式。当然,大学生可以有共同的实践,但不能因此得出如下结论:他们在这方面有相同的,尤其是集体的经验。

大学生既是教育的用户,又是它的产品。没有其他的社会属类,在行为态度中带有比大学生更多的过去所学东西的印迹。可是,正如许多研究证明的那样,在整个学习期间,特别是在学业重大转折的时候,社会出身施加着影响:对学业(尤其是某些专业)花费昂贵和没有一定遗产便无法进入某些职业的认识,在学业及其出路的信息方面的不平等,把某些职业、某些学业上的选择(比如拉丁文)和某一社会阶层联系起来的文化模式,以及由社会条件所制约的适应支配学校的模式、规则和价值观的禀赋,所有这些因素决定了人们在学校里感到"如鱼得水"或者"很不自在",而且别人也持相同看法。在各方面能力相同的情况下,这些因素决定了不同社会阶级学生的不同学习成功率,对于那些需要以基础知识、文化习惯或家庭收入等先决条件为前提的专业,更是如此。比如人们知道,教育方面的成功在很大程度上取决于掌握教育特有的思想语言的能力(真正的或者表面的),这方面的成功为学过古典课程的人所有。① 因此,人们看到,在既非天赋亦非个人因素的情况下,当前的成功与失败是如何在实际上取决于早期引导的。归根到底,这是家庭环境作用的结果,而学生和教师(习惯于考虑各学年之间的相互联系)却往往从刚结束的学年查找原因。这样,来自家庭出身的文化习惯和才能,在最初指导(产生于早期决定论)的作用下,影响成倍增加。惩罚表面上与社会不平等无关,实际上对后者起着促进作用。最初的引导越是以惩罚为形式体现于纯学校性的逻辑之中,就越使引发决定论的作用更为有效。

在大学生群体中,人们只看到了各种影响的最后合力,这些影响来自社会出身并长期发挥作用。对未被淘汰的出身于下层阶级的大学生来说,最初的不利发生了演变。由于替代机制的作用,如信息不灵情况下的过早导向、强迫选择某些专业、学习停滞不前

---

① B.伯恩斯坦(B. Bernstein)的研究,说明了工人家庭所讲语言的结构在各种文化障碍中所处的位置(见《社会结构、语言与学习》[Social Structure, Language and Learning],《教育研究》[Educational Research],1961年6月3日,第163—176页)。对哲学和社会学专业大学生使用的词汇做过一次测验,它涉及从定义能力、对多义词的理解到找出同义词等各种不同的语言实践,旨在发现影响学生成功地使用语言的因素。结果表明,古典语言(拉丁语、希腊语)方面的培养成为与语言掌握之间关系最密切的基本变量;用来进行测量的练习涉及教学内容越多,上述关系越密切,在做定义练习时最甚(见《教学关系与交流》[Rapport pédagogique et communication],《欧洲社会学中心手册》第2期,穆东出版社1965年版,第一部分)。这样,社会出身造成的不利主要被学业方向所替代,最高层次学业的成功与最初的学习密切相关。另外,对测验结果的仔细分析表明,只有依据下述逻辑才能理解出身于不同社会阶级的大学生的成功:在各阶级内部的不同形势下,社会方面的遗产不停地转换为教育方面的遗产。比如,高级职员儿子的测验结果表现为双模态。它们揭示了这样的统计分类,实际上掩盖了他们因文化方向不同,或许还因为其他次要的社会原因,而分成两组;或者还揭示了,出身于下层阶级的大学生中,学习拉丁文的人超过其他任何群体,缺乏这方面的教育导致了这些大学生中相对高的淘汰率(见附录II,表2.44)。

等,过去社会方面的不利变成了今天教育当中的被动。比如,在一组文学院学生中,41%的工农子弟在中学学过拉丁文,而高级职员和自由职业者的子弟为83%。这更加有力地表明了社会出身与古典课程的关系(对文科大学生而言),也表明了古典课程带来的好处。通过下面的事实,人们可以发现家庭环境影响的另一个迹象:大学生中,承认在中学毕业会考第一部分或第二部分①选择分科时遵循了家庭建议的人,出身越高比例越大,同时教师在这方面的作用随之减小。

在对学习的态度方面,可以发现同样的差异。② 不管他们更赞同天才论,还是更相信自己的天才(二者并行不悖),出身于资产阶级的大学生在与他人一样承认存在脑力劳动技术的同时,又对此表示了更大的厌恶。这些技术,如拥有一套卡片或一个时间表,被公认为不能与智力冒险的浪漫形象并存。甚至连学习爱好和过程方面的细枝末节,也表现了出身于上层阶级的大学生对智育的无所谓态度。当他们对自己的爱好和能力更为肯定,用极为多样的文化兴趣表现出真正的或所谓的兴趣广泛和成果各异的业余爱好时,其他人则表现出对大学的更多依附。当问及社会学专业的大学生,更喜欢研究自己的社会、第三世界还是人种学时,人们发现,社会出身越高,选择"异国"题目和地点的人越多。同样,出身高的大学生之所以更喜欢时髦的思想(比如认为"神话学"研究更好地体现了社会学的目标),是不是一直受保护的经历使他们的爱

---

① 法国中学毕业会考分两部分,两次进行。——译者
② 见下面表III,亦见附录II,表2.6—2.13。

表III 社会出身与大学生生活

社会出身	生活条件		过去学历		对学校及文化的态度			对大学职业的态度	
	住父母家	家庭资助	课余不打工	中学毕业选考拉丁文	学多种课程	没考卡片	对人种学和第三世界感兴趣	对非大学职业感兴趣	反对参加工会
工人、农民、一般雇员、低级职员									
手工业者、小商人									
中级职员									
高级职员、自由职业者									
变化幅度	29%—50%	14%—58%	64%—89%	41%—83%	44%—68%	56%—76%	56%—73.5%	30%—52%	11%—34%

好更服从于娱乐的原则而不是实际的原则呢?是不是在智育方面追求异国情调和表面的好心,只是一种象征性的,或者说无足轻重的炫耀方式,他们借此在说明自己的资产阶级经历的时候把它摆脱掉?为了形成这样一种智力机制,是不是应当提供——而且要在很长时间内——自由和免费选择的经济与社会条件呢?

如果说学习过程中浅薄涉猎的情况主要表现在出身于资产阶级的大学生身上,那是因为这些人对在大学中得到一个位子——哪怕是假想的——更为肯定,至少在一个作为避难所的专业是如此。他们没有真正的危险,可以表现出由更大安全感所造成的超脱:直接与教学计划有关的书和学校的书读得比较少,更多的人去学远离本专业的或其他学院的多种课程,对自己更宽容。对学习成绩的统计反映出他们的自得,这使他们在许多情况下,比如口试的时候,占有巨大优势。① 资产阶级出身的大学生在学校教育方面依附性比较小,不应当被视为抵消其他优势的一种不利。有经验的广泛涉猎,可以使他们从教学提供的可能中得到更多好处。一部分(约三分之一)特权大学生,把可以对别人不利的东西变成了自己的学习优势,这是无法阻拦的。因为,学校不合常理地把最高价值赋予了与学习分数和课程保持距离的技术。这一点,我们

---

① 当问及他们对自己学习成绩的看法时,更多的人不喜欢把自己列为中等(资产阶级出身者占88%,下层阶级出身者占75%),更愿意把自己排在"优""良"之列,(出身高低者分别为18%和10%),而出身于中产阶级的大学生的态度也总介于以上二者之间。可是,在同一组大学生中,出身低者的学习成绩一般都优于出身高者,过去考试中出现过一次优良成绩的比例,二者分别为58%和39%;二者的差距在两次优良率方面更大,分别为33.5%和18%,出身低的大学生在过去考试中得到两次优良成绩者的比例大约是出身高的大学生的两倍。

表IV 大学生的社会出身与艺术生活

	对作品的直接接触			对现代作品的了解			文化活动		知识与实践：电影	
	戏剧通过舞台	音乐通过音乐会	绘画通过博物馆、展览和收藏	戏剧先锋派	音乐现代派	绘画现代派	使用一件乐器	关于艺术的书籍	电影了解一些导演	电影俱乐部定期去看
下层阶级										
中层阶级										
上层阶级										
变化幅度	26%—61%	20%—34%	21%—39%	30%—72%	41%—68%	15%—30%	15%—39%	54%—80%	52%—64%	25%—13%

将在后面看到。

处于最有利地位的大学生,不仅从其出身的环境中得到了习惯、训练、能力这些直接为他们学业服务的东西,而且也从中继承了知识、技术和爱好。一种"有益的爱好"对学习产生的间接效益,并不亚于前面那些因素。除去家庭收入不同可以解释学生之间的差距以外,"自由"文化这一在大学某些专业取得成功的隐蔽条件,在不同出身的大学生之间的分配也很不平均。在熟悉文艺作品方面,文化特权十分明显,这只有经常去剧院、博物馆和音乐厅才能做到(学校不能组织或只能偶尔组织这些活动)。对那些学校内涉及更少的,一般说来距当代更近的作品来说,上述情况更为明显。①

从戏剧、音乐、绘画、爵士乐或电影这几个文化领域来看,大学生的社会出身越高,他们的知识就越丰富,越广泛。在使用一件乐器、通过看演出了解戏剧、通过听音乐会了解古典音乐等方面的差异不会使人感到惊讶,这是各个阶级的文化习惯和经济条件所造成的,而不同出身的大学生在参观博物馆和对爵士乐及电影历史的了解方面的明显不同更引人注意,尽管爵士乐和电影往往被视为"大众艺术"。绘画并非一种教学的直接目标,从对古典画家的了解开始就有差异,距现代越近差异越大。不同出身大学生的电影和爵士乐知识(这方面的博学者大大少于上述神圣艺术领域)也相差很远。在认识到这一切后应当得出如下结论:文化方面的不平等,以那些不存在有组织教学的领域更为明显;文化行为受到的

---

① 见表 IV 及附录 II,表 2.14—2.20。

社会因素的制约,大于个人的兴趣和爱好。①

不同出身学生的艺术兴趣受到的引导也不同。无疑,产生差异的社会因素有时掩盖了它们最明显的后果。与学者文化的密切关系,给出身于上层阶级的大学生以优势。小资产阶级的严肃态度,可以使自己在这方面得到补偿。可是,引导类似行为的不同价值观,可以间接地表现在更为细微的差异之中。这一点在戏剧方面非常清楚。戏剧不同于绘画或者音乐,它既具有学校教授的文化的性质,又具有自由的、可自由得到的文化的性质。尽管文化背景不同,而且在戏剧方面受到的培养也不同,农民和中级职员的儿子,工人和高级职员的儿子,可以具有相同的古典戏剧知识。同样的知识并不一定表现出同样的态度,也不保证具有相同的价值观。在一些人身上,它们可以证明学校制度与学习的绝对权威(因为它们大部分是通过自由阅读或课内阅读,而不是通过看戏得来的);在另一些人身上,它们至少和服从上学的绝对必要性一样,证明这些人具有一种首先来自家庭环境的文化。于是,当人们通过一次测试和检查了解一个给定时间的兴趣和知识状况的时候,就在这一点上切割了诸多不同的轨迹。

另外,对巴黎高级职员的儿子和里尔或克莱蒙费朗工人的儿子来说,丰富的古典戏剧知识具有不同的含义:前者还有先锋派甚至通俗喜剧方面的丰富知识;后者虽然也很了解古典戏剧,但对先锋派戏剧或通俗喜剧全然不知。我们明显看到,一种纯学校文化,

---

① 高社会地位,既不能自动地,也不能全部地有利于出身于它的人。在看戏和听音乐方面,高级职员儿子的情况呈双模态:一部分人(三分之一左右)的频率明显高于另一部分人和其他大学生。见附录 II,表 2.14—2.19。

不只是不完全的文化或文化的一个组成部分,而且是一种低层次的文化。在更广阔的范围里,它的组成部分具有不同的意义。一些人的社会出身决定了他们只能接受学校传播的文化,而不能接受其他文化。教育揭示了这些人的学校文化实践。那么,学校在"普通教育"中所大力发扬的,不正是它作为这些人文化的学校实践而揭示的那些东西的反面吗?因此,每一种知识既应当被看作一个光彩夺目的整体的组成部分,又应当被视为整个文化旅途上的一个瞬间,曲线上的每个点都包含着曲线本身。还有一点要指出,这就是个人完成文化行为的方式赋予这些行为纯文化的性质:具有嘲弄味道的潇洒,故作风雅的简洁明了,使人态度自如或装作自如的合乎章法的自信,这些几乎总是发生在出身于上层阶级的大学生身上。在这些阶级里,上述行为方式标志着一个人属于精英之列。

在大部分情况下,特权的作用只以最直接的方式表现出来:推荐或走关系、补课或辅导、掌握教学和出路方面的信息。实际上,文化遗产以更隐蔽、更间接的方式传递,甚至不需要一步步的努力和明显的行动。可能正是最有"文化教养"的阶层,最不需要宣传对文化的崇拜或有意识地进行文化实践的启蒙。在小资产阶级里,情况正好相反。大部分情况下,家长除文化方面的良好愿望外不能传递别的什么东西。有文化教养的阶级却把冗长的教诲做了精心安排,以通过暗中说服的方式使后代接受文化。

正是这样,出身于巴黎资产阶级的中学生才可以表现出他们广博的文化教养。这是他们无意识地,也没有花费气力,像渗透一样,没受到家长任何压力就得到的东西。

"你去博物馆吗?""不常去。中学不常组织去绘画馆,主要是去历史博物馆。我父母主要是带我去看戏,不常去博物馆。""你比较喜欢哪些画家的作品?""梵高、布拉克、毕加索、莫奈、高更、塞尚。我没有见过他们的原作,是通过在家里看书知道他们的。我有时弹钢琴。就这些。我比较喜欢听音乐,不大喜欢演奏。家里有许多巴赫、莫扎特、舒伯特、舒曼的唱片。""你父母建议你读什么书吗?""家里有许多书,我想看什么就看什么。"(教授的女儿,13岁,塞夫勒国立中学四年级①古典班学生)

在自由文化领域区分大学生的这些差异,总是使人想到特权和不利的社会地位。可是,当把这些差异与教师的期望联系起来的时候,它们并不总是具有相同的意义。比如出身最低的大学生,由于没有其他途径,在阅读剧本等更为学校化的行为中,找到了补偿他们不利条件的办法。同样,如果说在电影方面的学问随特权大小而增减,特权使富有家庭出身的大学生得到了把文化习惯转移到学校以外的兴趣和闲暇时间,那么经常去电影俱乐部,这一既经济又有补偿性的近似于学校活动的实践,则似乎主要是中产阶级大学生的事。对出身于最低阶层的人来说,学校是接受文化的唯一和仅有的途径,在各级教育中都是如此。不过,如果学校不理睬、不助长在文化面前的最初不平等,如果学校不是为了那种不具平民色彩的文化而经常贬低它所传播的文化,比如抱怨学校工作

---

① 法国初中第三年。——译者

过于"学校化",并且因此而徒有便当和宽厚的外表,那么它就可能成为文化民主化的最佳途径。

来自家庭环境的一整套爱好和知识造成了大学生之间的差异,他们在学习学术文化方面只是表面上平等。实际上,使他们分化的,不是不同统计属类因不同关系和不同原因形成的差异,而是他们在一定程度上与其出身阶级共有的一些文化特征系统,即便他们不承认这一点。在职业计划的内容和方式方面,在服务于这一志向的学习行为的类型方面,在艺术实践的最自由的方向方面,总之,在决定一个大学生群体与其学业关系的所有方面,都表现出他们所属的阶级与整个社会、与社会成功及与文化的根本关系。①

各种教育,尤其是文化教育(甚至科学教育),暗含地以一整套知识、本领、特别是构成有教养阶级遗产的言谈为前提。古典中等教育是对太子进行的教育(*ad usum delphini*),在中级水平传递意义。它以一整套初级水平的经验财富为基础,受家庭藏书吸引和许可进行阅读,无法选择地观看有选择的剧目,进行文化朝圣式的旅行,开展只能使已被启发的人受到启发的暗示性对话,这难道还不能说明这个特权者游戏面前的根本不平等吗?可是,每个人都得参加这一游戏,因为它以具有普遍性价值的面目出现在人们面前。如果说,出身于处在不利地位的阶级的儿童,经常发现上学

---

① 经验性调查向来只能通过一个个的侧面抓住所有这些意义重大的问题,因为它所使用的指标分解了分析对象。

就是学习那些人造的东西和教师的辞藻,那不正是因为对这些儿童来讲,学者式思考要先于直接经验吗?他们必须详细地学习帕特农神庙的平面图,却从不离开自己居住的省份;他们必须在整个学习期间同样被迫地,而不是真心地谈论那些他们也说不上来的东西,谈论过去人们所酷爱的间接肯定法,谈论爱好方面那些无限大和无限小的差异。反复讲传统教育排除了所教全部内容的真实性,就是回避这样一个事实:不同阶层大学生不真实的感觉十分不同。

相信如果使每个有必需"天资"的人具备了相同的经济条件就为每个人提供了接受最高教育和接触最高文化的相同机会,这只能说对障碍的分析还停留在半途当中,尚不晓得与"天资"相比(只要能把学校中的不平等归咎于其他原因,天资的存在就成了问题),按学校标准衡量的能力,更依赖于一个阶级的文化习惯与教育制度的要求或定义教育成功的标准之间的关系。所谓的文化教育,总是在很大程度上决定着从事"高贵"学业(国立行政学校、综合技术学校或文学教师会考①)的机会。学生在选定这一方向后,就应该掌握一整套知识和技术。这些知识和技术从来不会与社会价值观完全脱节,而它们的社会价值观却往往与学生出身阶级的价值观截然相反。对农民、一般雇员和小商人的子弟来讲,掌握学校文化就是文化移入。

当事人之所以很少把学习当作放弃与背离,是因为他们应当

---

① 一般认为,前者亦为法国地位最高的"大学校"之一。后者也译作中学高级教师会考,为一种竞试制度,难度很大,通过者可充任中学高级教师或去中学后教育机构任教,亦被视为较好的方向。——译者

掌握的知识被全社会高度赞赏,掌握它们就意味着进入了精英的圈子。因此,应当区分两件事情:学校传播的文化不难掌握(阶级出身越高,越觉得容易),中产阶级掌握这一文化的愿望最强烈。尽管下层阶级通过学校得以迁升的愿望并不亚于中产阶级,但在实现它的客观条件微乎其微的时候,这一愿望就只能是虚幻和抽象的了。工人可以对2%的工人子弟接受高等教育的统计全然不知,他们的行为似乎受到了对客观可能的经验性估计的客观调节,这种客观可能对本属类的每个人都是相同的。所以,正是小资产阶级这个过渡性阶级,最强烈地认可学校的价值,因为学校把社会成功的价值和文化魅力的价值混在一起,预示着能满足他的全部期望。中产阶级的成员与下层阶级的人有所不同(并且是有意有所不同)。他们对精英文化虽然也只是从远处有所了解,但他们认为此种文化具有决定性意义,可以证明他们在文化方面的良好愿望——接触文化的明显意图。因此,从掌握文化的难易程度和愿望这两重意义上讲,工农出身的大学生处于最不利的地位:直到最近一个时期,他们甚至还不能在家庭环境中找到吸引他们努力求学的因素。而正是这样的因素,使中产阶级通过对占有的渴望弥补了原来不占有这一不足。为了使一个儿童进入国立中学①并在以后一帆风顺,必须有持续不断的成功(和教师的频频告诫)。

  重复这样一些显而易见的事实,是因为某些人的成功往往使人忘记,是一些特殊能力和他们家庭环境的某些特殊性使他们克服了文化方面的不利因素。一些人认为,进入高等教育是一连串

---

① 当时升入高等学校的主要途径。——译者

不中断的奇迹和努力的结果。按照极不平等的严格程度选择出来的人面前的相对平等,可以掩盖作为它的基础的不平等。

出身于中产阶级和文化教养高的阶级的大学生接触文化的方式存在着细微的差别,他们的校内学习能不能取得同样大的成功?不能排除有的教师把"优秀的"或"天才的"学生与"认真的"学生对立起来,在很多情况下不考虑其他因素,只从学生出生时就注定了的与文化关系的角度来进行判断。中产阶级出身的大学生素来努力学习,并且在工作中发挥他们所处环境推崇的职业美德(如崇拜严格而艰难地完成了的工作)。很多教师在评价这些学生时,也有意识地使用对文化精英使用的标准,当这些学生进入"权威"行列从而属于"精英"时尤其如此。文化和脑力劳动的贵族形象与人们对文化的共同认识极为接近,致使它甚至影响到对精英理论最深信不疑的人,阻止他们在表面的平等之外再要求更多的东西。

通过改变标记实现的价值观的颠倒,把认真变成了认真精神,把对劳动的崇尚变成了穷苦劳动者的斤斤计较和艰苦努力,并想以此来弥补天资的不足。从以"精英"的价值体系判断小资产阶级的价值体系的时候起,这一变化就开始了。就是说,按有教养、出身高的人的浅薄涉猎来衡量小资产阶级的价值体系。而这些人毫不费力地就掌握了知识,他们的现状和前途有保证,可以悠闲地追求风雅,敢于卖弄技巧。可是,精英文化与学校文化是如此接近,小资产阶级出身的儿童(农民或工人的子弟更甚)只有十分刻苦,才能掌握教给有文化教养的阶级子弟的那些东西,如风格、兴趣、才智等。这些技能和礼仪是一个阶级所固有的,因为它们就是这个阶级的文化。① 对一些人来讲,学到精英文化是用很大代价换来的成功;对另一些人来讲,这只是一种继承,它同时包含着便当和便当的诱惑。

如果说,社会方面的有利与不利因素都对学习过程产生着巨大影响,而且从更广泛的意义上讲,对整个文化生活都产生着巨大影响,那是因为这些因素总是逐步积累的,而不管人们是否意识到这一点。比如,父亲的社会地位对家庭其他成员拥有类似地位影响很大。又如,社会地位与在大城市还是在小城市上中学不无联系,因为这明显地关系到知识和艺术实践方面的不同水平。这只是地理因素影响的一种最不明显的表现,该因素首先决定了接受中等教育和高等教育的机会很不平等:各省11—17岁年龄组的入学率由不足20%到60%以上,19—24岁年龄组的入学率由不足2%到10%。这些差异既源于农业人口的比例,也与居住的分散程度有关。事实上,地理因素和文化不平等的社会因素从来就不能分开。因为人们看到,社会地位越高,生活在接受教育和文化的可能性更大的大城市的机会就越多。于是,在艺术知识方面就形成了两个极端的团体:一个由高级职员的子孙组成,他们在巴黎度过了自己的童年和少年;另一个由农民的子孙组成,他们在人口不足五万的小城市度过了自己的童年和少年。

---

① 人们可以抓住通过辛勤劳动占有"才能"在心理悲剧和精神悲剧中制造的矛盾,这一奇迹使人成为悲剧的受害者:贝玑(Péguy,法国近代作家。——译者)不就是从来没有克服对自己的选择的不愉快吗? 他把这一意识体现在作品中,想以一种神话式的措施来解决他的社会悲剧。

正是这样,不被人知道或承认的产生差异的社会因素的影响,在大学生阶层中发挥着作用,只不过是没有通过属于一种机械决定论的那些途径。比如,不应当相信文化遗产会自动地、同样地对所有接受它的人都有利。事实上,人们至少发现了两种处理与特权关系的方式和特权的两种作用。继承本身包含着侵吞的危险,在继承文化时,也就是说在掌握知识的方式对掌握的内容起建设性作用时,更是如此。有惩罚的游戏带有表面的消遣性。如果继承在这里面进行,那它在各层次的教育中不会产生相同的效果,不像被迫进行的更稳妥投资为下层阶级出身的人所保险的那样。相反,如果使用合理,文化继承将有利于学习的成功,而不受学校规定的较为狭隘的利益所限。从属于一个有文化教养的阶层并了解智力或科学方面的真正等级,可以相对少受些教育的影响。后者正在以十分专制和权威的方式制约着别个。用同样的方法可以容易地证明,尽管出身低下的人被社会命运压垮的机会更多,但也可以说他们作为例外,又能在极端不利中找到克服不利的动力:如果这能使他们摆脱和别人同样的命运,工人和小资产阶级子弟中进入高等学校的人,是不是可以同样强烈和普遍地表现出于连式①的力量和拉斯蒂纳②式的野心呢?

应当更具体地研究决定这些人的特殊前途的原因。但种种迹象表明,人们可以在家庭环境的特殊性中找到这些原因。既然正如前面看到的那样,一个高级职员的儿子接受高等教育的客观机会是一个工人儿子的 40 倍,人们就指望在调查中

---

① 小说《红与黑》中的主人公。——译者
② 巴尔扎克数篇小说中的人物。——译者

发现，工人家庭中接受高等教育的平均人数与高级职员家庭相比，也大致如此。可是人们发现，在一组医科大学生中，就其大家庭而言，高级职员出身的大学生家庭中曾经或正在接受高等教育的平均人数只是下层阶级出身的大学生家庭中的1—4倍。① 这样，至少在这一方面，出身低微的大学生与其所属阶级的其他人之间有着深刻的差别。家庭里的一个成员曾经或正在接受高等教育，证明这个家庭具有特殊的文化气氛，至少是主观上具有更强烈的上大学的愿望。人们可以这样假设，正是因为对自己的不利地位不够了解（建立在对其入学机会的直观统计的基础之上），使这些人摆脱了本属类面临的实际不利之一，即顽固地反对把"不可能的"学业继续下去。当然，这还需要证明。可能正是因为这些出身低的大学生来自处于最不利地位阶级的最有利的那一部分，低出身学生的比例才在上述边缘人物被挖掘殆尽后趋于稳定。比如，经过一段时间的持续上升，工人子弟中接受中等教育者的比例现在徘徊在15%左右。

居住在巴黎或属于一个有文化教养的阶级这些诸多不同的特权，之所以几乎总是关联到对学校和文化的态度，是因为这些特权

---

① 我们这里借用了匈牙利中央统计局 S. 费尔盖（S. Ferge）夫人有关不同家庭就学机会的指标，即人们自己可以看到的那些机会。大家庭包括祖父母、父母、兄弟姐妹、父母的兄弟姐妹、第一亲等的堂表兄弟姐妹。一个社会阶层接受高等教育的机会和这个阶层大学生的大家庭中曾经或正在接受高等教育的实际人数之间的差距尤为明显，因为入学率在一代人和一代人之间不断提高。

实际上连在一起,使人们赞同某些价值观。而这些价值观的根源不是别的什么东西,正是特权本身。文化继承性的力量如此之大,致使人们不需要排除别个就能独自占有。因为,在这一过程中被排斥掉的,似乎只是那些自我排斥的人。人与他们的境遇及决定这一境遇的社会因素的关系,是他们的境遇及其所需条件的完整定义的一部分。不需被人明确地认识,这些社会因素就可使人根据它们来自我决定,也就是根据本社会属类的客观前途来自我决定。推而广之,甚至可以说,这些社会决定因素的效果越不为人所知,它们的决定作用就越无情。

所以,除去把教育面前的所有不平等归咎于经济不平等或政治意图,从而向这一制度开战之外,没有为教育制度服务的更好方式。事实上,教育制度可以通过其自身逻辑的作用使特权永久化。换言之,就是它可以为特权服务,而不需特权人物主动利用。此后,不管是对高等教育整体还是对它的一个方面而言,企图使教育制度的一个方面得以独立的要求,客观上服务于这一制度及其所效力的全部对象。因为,只需让这些因素从学前教育到高等教育发挥作用,就可以保证社会特权永久化。当奖学金或助学金制度表面上使出身于各个社会阶级的人在教育面前处于平等地位的时候,淘汰中下层阶级儿童的机制就会发挥同样的作用(只是较为隐蔽)。这时候,人们可以比任何时候都更有理由,把不同社会阶层在不同层次的教育中所占比例的不平等归结为天资不同或愿望不同。

总之,不平等的社会因素的作用巨大,它可以使教育制度在经济条件平等的情况下,把社会特权转化为天资或个人学习成绩,从而不中断地维护不平等。表面的机会均等实现得越好,学校就越可以使所有的合法外衣服务于特权的合法化。

第二章

严肃游戏与游戏严肃

46　　罗贝尔·德索邦①在给他的学生讲道时,幽默地把文学院的考试与圣经中的最后审判做了比较,甚至说大学的法官比天国的法官严厉得多。

　　在博洛尼亚②,只教法律。学法律的大学生年纪不是很轻,往往是已经领俸禄的教士。这样的听众不愿让人随意支配。于是他们组成了自己的团体——*Universitas*,与教师的组织分开,保持自己的独立。学生的团体组织严密,制订规则,把自己的意图强加给教师,使他们按学生的要求行事。在你们看来,这种教育组织似乎不合常理。但是,它确实存在过,并且不止在一个地方。

涂尔干:

《教育思想的演进——

从发端到文艺复兴》

---

① 罗贝尔·德索邦(Robert de Sorbon),中世纪法国神学家,他创建的索邦学院后为巴黎大学总部所在地。——译者

② 意大利地名,那里有中世纪西欧最古老的大学之一。——译者

尽管教育面前的不平等往往不为人所觉察，人们在谈论大学生时对此涉及最少，大学生在谈论他们自己时更是这样，但这些不平等还是有相当的明显性，至少在狭义的经济方面是这样。这就迫使人们从学习实际的共同点中，而不是从生活条件的共同点中，去寻找大学生阶层的统一性。可是，缴纳同样的注册费，按同样的行政手续注册并进行体检，在同样狭窄的空间里学习，同样在互不相识的教室里听课和考试，同样在食堂和图书馆排队，同样受教学大纲的约束和教师的摆布，写同样题目的论文或在课堂上探讨同样的问题，所有这一切，能否，哪怕是宽泛地或否定地定义一个一体化的群体和一种职业境遇呢？

的确，在一般情况下，分析职业实践的特点，分析职业实践在其中进行的那种社会组织，分析职业实践的节奏、手段和要求，是理解一个职业团体的行为、态度和思想的首要条件。可是，现在是一个不断更新的群体，它的成员的社会经历和职业前途各不相同，而且至少到今天还不把职业准备当作一种职业。所以，它可以不是根据其实践的统一性，而是根据对其实践的意义和象征性功能的基本一致的认识，给自己下定义。

无疑，大学生们生活或愿意生活在一个特殊的时间和空间里，学业使他们暂时摆脱了家庭和职业生活的节奏。他们受到大学时间安排自由的保护，比教师更不受整个社会时间安排的限制。除了考试这个令人愤怒的日子（*dies irae*）外不知道其他的期限，除了不很严格的上课时间外不知道其他的时间安排。学校有经常性信徒和季节性信徒,但不管他们的虔诚程度如何,每个人都按大学学年的节奏生活。唯一强加给学生日程的结构,取决于学习进程:两头是高潮时间,有开学时的兴奋和考试前的不安;中间是长时间的低潮,勤奋程度降低,开始时的决心减弱。大学的学年使学生的努力与智力冒险合拍,围绕成功和失败组织学生的经历和回忆,把各种计划控制在它有限的范围之内。

在这个日程的限制之外,没有日期,没有时间表。大学生的地位可以打破社会生活时间的框框,或者颠倒它的安排。体会大学生的生活,首先,或者说比一切都重要的,是不管什么时候都可以自由地去电影院,并且因此从不像其他人那样在星期天看电影;是想方设法削弱或推翻强加给成人的闲暇和工作之间的那些重大区别;是假作不知道平时与周末、白天与夜晚、工作与闲暇的区别。从更广泛的意义上讲,大学生就是要削弱通过限制来组织的生活的所有区别,如闲聊和有秩序有目的的讨论的区别、自由文化和强制文化的区别、学校作业和个人工作的区别。

"在一生中,只有这段时间可以不做所有那些应该做的事,可以想什么时候工作就什么时候工作,想不工作就不工作……"(高级职员的儿子,巴黎,26岁)"当大学生,就是想工作的时候就工作,有足够的时间对其他事物感兴趣,有更多的闲暇时间可以灵活安排。"(高级职员的儿子,巴黎,23岁)"没有空闲时间,我反对把工作和业余时间加以区别的这种二分法。这样做或者过于武断,或者就是承认失败,因为与我们纠缠不休的是工作。"(中级职员的儿子,巴黎)"我的工作不惹人讨厌,不是强加给我的。可以说,我的全部工作对我来说都是一种消遣。我高兴工作,因为我有运气不受强迫。"(中级职员的儿子,巴黎)"对我来说,一年的工作是一种消遣,而消遣是一种工作,它们相互关联交错。我认为,我的趋势是从消遣中得到的东西大大多于从工作中得到的。我的主观印象是,对我来说,如果把工作看成某种艰难的或令人讨厌的东西,大学生活中消遣的时间要远远多于实际工作的时间。根据康德的思想,工作含有义务、责任的意思。可它在我身上始终没有很好地实现,我更喜欢什么都不干……最后,如果起码应该做点什么,那就强制一下自己,一点点。"(高级职员的儿子,巴黎)"我很少遇到问题,尤其是在时间安排上,自由支配的时间与非自由支配的时间没有区别。不管是平时还是星期天,有电影我就去看,确实不存在闲暇时间的问题。我的业余生活没有组织,我只选择我的消遣,但并不去组织它。有什么我就选什么,而不是制订一个时间表。我不事先预定什么,也没有固定日期的或有规律的会见……我没有为消遣确定时间的习惯……什么都不固定,就像在家里一样,没有事先确定的消遣,可是到最后,几个小时就过去了。"(高级职员的女儿,巴黎)

尽管这种自由是表面的和人为的,但它也是一种起决定作用的放肆,中学生由此证明自己成了大学生。新生可能用很长时间去学习自己安排工作的艺术。但是,他根据最权威的知识分子的样板,刚入学就一下子学会了生活的艺术,或者说放纵自己的艺术,因为所有的一切都促使他朝这个方向发展:

"是的,我失去了很多时间。我不会很好地组织自己的工作,浪费了时间,而且由于一般是先工作后消遣,也就没有了消遣的时间……"(高级职员的儿子,巴黎)"当我不再想工作的时候,当我趴在桌子上的时候,我就考虑下个星期做些什么……我力图安排一个大致的日程表,当然是大致的。很明显,是不是按安排好的日程行事,要看时间和当时的情绪。"(高级职员的儿子,巴黎)"我的问题,可以说是一个安排问题……我不能约束自己,是的,总是这样……如果对自己有所约束,强迫自己按照某种工作方法行事,我就会感到从来没有的不舒服。"(高级职员的儿子,巴黎)"我想,可能主要是在智力的组织方面有某种东西运转不正常,我还没有学会协调它,事情的轻重缓急对我来说不很清楚。比如,我应该在家里做某件事情,就在我正要去做它的时候,又想起来应该做另一件事情,在本来已经是插进来的事情中又插进了另外的事情……这种习惯使我受害不浅。为了得到证书①,总有30来本书要读,可我每天换一本。每天,几乎是每小时换一本。我说我应该读这个,就拿起一本书,读上三四页。到了晚上,另一本书吸引了我,就换了那一本。"(商人的儿子,巴黎)

这种自由的和自由化的使用时间的方法可以专门属于大学生,但它不能为大学生的境遇做出肯定的定义。社会的节奏把所有人的活动都纳入共同的限制之内,使人群成为整体。大学生活与社会不同,时间飘忽不定,只能对聚集学生起反作用。因为,个

---

① 法国当时计算学分的一种单位。——译者

人节奏的唯一共同点,就是以不同的方式使集体的大节奏产生差异。

或许,哪里的大学生活发达,哪里就留下它的居住场所、活动空间和必经路线。大学生居住和课余活动的场所尽管分散在城市各个地方,但仍有自己的特色。人们平常的称呼证明了这一点,如"大学生"区、"大学生"咖啡馆、"大学生"住房。大部分大学生只有上一样的课这一个共同点。除此之外,人们无法承认,共同生活和居住这个简单的事实,具有使它聚集的个体结合成一个协调的群体的能力:为一个群体提供一体化框架的不是空间,而是在时间中对空间的有规律和有节奏的使用。

我们将在大学城和传统寄宿学校中共同生活带来的不同后果中看到这一点。如果说大学校预备班①(并因此也在一定程度上影响到大学校)是一些起一体化作用的小圈子,如果说在那里可以看到一整套的口头与书面传说和入伙与升级仪式,看到以年资长短为前提的处理与他人关系的规则,听到为经历当中的一些特殊事物发明的行话,也看到一种使"老学生"们终生都可以被人识别和相互识别的"精神",这首先是下面因素的作用:时间和空间,即一起吃饭和住宿,生活节奏相同和按时间安排任务。它们根据学校纪律所要求的组织活动的方法,发挥着能力,形成结构。这就和在传统式的农村一样,有规则的活动和规则的单一性所要求的并使之多次重复

---

① 专为准备大学校入学考试而设,招收优秀高中毕业生,学制一般两年。——译者

的接触，可以使每个人不必直接经验，便可知道有关他人的一切。这并不是说，此种强迫和狂热的一体化是理想的同学关系，更不意味着它是一种有效的工作模式。这里的目的，只是想通过这一情况使人明了，只有根据一种制度或一种传统来调节对它们的使用，共同的时间和空间才能成为一体化的因素。

有时候，人们指望通过把大学的各种活动集中在一个共同空间——校园的做法，完全改变各种社会关系，如教师与学生的关系，学生之间的关系。如果说分散式居住是一体化的不利条件，那么就应当说，在不存在传统的社团一体化机制的情况下，加强集体活动，特别是合作活动，需要有一种制度和一套负责组织集体工作和传授合作技术的专业化工作人员。由此可以说，只有在现存的某种制度要求一个群体组织起来，或者当合作成为学校学业所必需的时候，比如在文学院和某些专业学院，才会在大学生中出现一体化的信号。

可是，在法国大学的传统中，找不到任何对合作理想的支持。从小学到研究生阶段，以制度为基础的集体工作仅仅是极少数特例。在自己的任务中，教师往往把组织功能排在最后，对组织大学生集体工作一事尤为如此。更有甚者，从童年时候起，学校反复向学生灌输的完全是一种相反的理想，那就是个人主义的竞争。所以，大学生可以提出与大学本身格格不入的集体工作的愿望，但是在大学受的教育又没有为他们做任何准备，不能发明使自己与长期以来内化的价值观背道而驰的技术。在这种情况下，大学里的工作小组经常失败的原因，首先是由于大学生——这些由只发展被动倾向的系统制造出来的产品,不能靠决心产生奇迹,凭空(ex nihilo)创造出一体化的新形式。

至于那些至少曾经象征性地使以往的大学生阶层得以一体化的传统,它们目前已经支离破碎,只与一些不伦不类的边缘性群体有关系。在外省比较小的大学城市中,大学生的队列、歌曲等"习俗"延续得时间最长。这标志着那里的大学生首先是与当地社区,而不是与大学生社会一体化。当时,大学生只是一个年龄组。在一种资产阶级职业生涯的边缘上,学业按常规为其中的特权青年提供了一个暂停或通过的机会。前述特点在这些时候最为明显。可能是由于法学院和医学院最资产阶级化,或者是由于它们引向更为传统的团体,这两个学院现在是入伙仪式的最后收藏地。但是,由于这些学院学生人数所占比例持续地大幅度减少,它们不再能为大学生生活提供准则。

> 本世纪初,法学和医学专业的大学生占大学生总数的60%以上,现在不足30%;而1901年不足大学生总数25%的文理学院学生,现在却占到65%。数量的颠倒决定了质量的变化,外部群体对大学生的看法和大学生之间的看法都是如此。今天的样板大学生不再属于法学和医学专业,这对认识这两个学院的更为资产阶级化的生源和职业出路对学生态度的作用不无影响。①

现在的大学生阶层缺乏制度方面的支持和社会方面的界限,越来越远离大学生生活的过时传统,可能比过去任何时候都更缺

---

① 见附录 I,表 1.3 和 1.4。

乏一体化。在中小学生当中,这可以保证暂时和人为的群体最低限度的一体化。可是在大学生当中,甚至连这种表面的和娱乐式的对立游戏都找不到。文科和理科学生的区别,或者一个学院里不同专业及不同年级之间的区别,只具有管理性质。上过几年学和注册哪些学分,只在统计时起分类作用。互相很少寒暄,也不开玩笑,证明缺乏团队精神,尤其是缺乏接触和交流。大学生中甚至于已经没有真正的行话,有的只是从不同地方借来的多种行话的混合物。哪怕是通过排除,这种混合物也无法确定他们属于一个群体。最后是同学之间(尤其是不同专业的同学之间)相互了解很差,这以巴黎为最甚。自然,最用功的学生,似乎也是最关注教学的学生之间,交流最为经常。但是,具有一定持续性和经常性的相互认识的途径,只是过去的学历或外部的社会联系,比如来自同一个地区,有共同的宗教信仰或政治信仰,尤其是都属于最富有的阶级。

各种社会测定表明,课堂外的交流,甚至连互通姓名都很少。尽管像不同的指标所提示的那样,次数最频繁、种类最多的交流在出身高的大学生中间进行,但有更多的事实证明,这或许是因为他们在大学里更自在,并且他们所受的教育向他们提供了适应这一环境的社交技巧。一项在里尔完成的有限调查表明,在其他方面情况都相同的条件下,同学们认识最多的是那些出身于最富有阶层的男女大学生,这些人认识的同学虽然不如认识他们的人那样多,但也相对比较多。同样,座位与讲台的距离也是一种自在与自信的标志。不管属于何种相识(从只见过面到一起合作),认识同学的数量从坐在第一排的学生到坐在最后一排的学生依次递减,这并非怪事。①

这种较弱的一体化,或许是传递技术信息和激发智力的障碍。所以,在常去里尔大学图书馆的学生当中,说自己曾经根据同学的建议看过或借过一本书的人,比听从教师建议的人少两倍。同样,在选择方向和确定职业方面,同学的影响也很小。可是,零星的接触和偶然的闲谈,却足以传播关于教师本人,关于他们的苛求和怪癖的流言,这些内容往往使人惊恐不安。关于考试组织方法的信息是如此之少、慢和不准确(人们发现,每年考试时总有一大批大学生对选考科目和每门考试的时间限制一概不知),最荒诞的小道消息的传播又是如此迅速和广泛。于是,大部分关于考试和考官的神话就这样产生了。活跃的口头流传有利于模仿或文化感染,却不能真正地把大学生们统一在共同价值观的周围;有利于幻想或留恋真正的一体化,却不能提供实现一体化的手段。自从诸如建立有实效的工作小组等为一些实际目标组织交流的计划出现以后,组织的或传统的一体化机制的缺乏便反复地受到人们的严厉批评。

因此,所有这一切都让人怀疑,大学生是不是真正形成了一个同质的、独立的和一体化的社会群体。如果以大学生的情况中确实包含了相当多的特殊性为理由,解释为什么当分析达到一定程度时,就力求把他们的情况和与之直接相关的态度联系起来,人们就不能够在完全孤立看待大学生阶层的同时,对其进行社会学研

---

① 见附录 II,表 2.12—2.13。

究。一个群体的成员只有共同的大学实践,除此之外千差万别,即使大学实践也会因他们的社会出身而情况各异。对这一群体的社会学研究,只能是对学校及其传播的文化面前的社会不平等的社会学研究中的一个个案(应当明确定义它的特殊性)。

大学生阶层不像一个职业群体,它更接近于一个松散的集合。如果大学生只是大学生,如果他们没有加入其他群体,即对大多数人来说没有加入他们的家庭,或者没有加入处于第二位的选举集团,如宗教联合会或政党,那么大学生阶层就会表现出混乱的各种症状。但是,不管表面如何,名称怎样,这是一些为大学生组织的团体,而不是大学生团体。所以,那些由于缺乏一体化而感到孤独和被抛弃的更大学生的大学生,在已经向实现一体化阶层的理想迈出了一步的组织中,找到了更留恋一体化的机会。于是,和家庭环境或处于第二位的团体联系更多的女大学生,同时也就成了大部分活跃同学群体尝试的发起者。不过,这些努力中的大部分所表现出来的意志主义说明,它们既不能依靠现存的组织节日活动的传统,也不能依靠对团体的感情。

人们看到,外省一所文学院哲学专业大学生每年组织集体活动的尝试屡遭失败,这是因为这些活动遇到了"哲学家"贵族式的个人主义。力图组织这些游乐活动的,是一些不能或不愿在独自沉思的理想中升华自己孤独的人。这首先是那些女孩子,她们把对组织交往这一妇女特有的传统使命的关注,移植到她们在大学的作用中。1964年,学院办公室有5名女生和1名男生(后者为"学生会"成员和哲学专业"天主教小组"负责人),他们都是三年级学生,都是天主教小组成员。

第二章 严肃游戏与游戏严肃

尽管学院的活动核心由"大学生教区"的成员组成,人文科学和哲学专业四分之三的大学生宣称自己信奉天主教,而且有25名忠实成员,但成功的活动并不多,而且参加者还包括一些教师:一次聚餐(45人参加,近半数为男生)和一次到巴黎的文化旅行(25人参加)。其他的活动还包括一次教师不参加的聚餐和一次"煎饼会",参加者主要是天主教积极分子的核心成员,每次女生都占多数。至于集体复习的计划,它始终未能超越虔诚的愿望这一阶段。

巴黎大学生一体化的程度比其他地方更低,类似上述的补偿行动更少,更多人的反对与个别人的梦想并存。在那里,学生与教师的接触明显比外省更少,学生很少提出这方面的要求,至少大部分学生是这样。这可能是因为现实清楚地表明,这种愿望是不现实的。与此相反,外省大学生可能要求加强交流。他们认为,与其说是物质条件妨碍了交往,不如说是大学的风尚排斥了它。

一切就这样进行着,似乎在某个界限之内,那些被现实明确驳斥和否定了的合理愿望,应当让位于苦恼的屈从或长久的空想。如果说现行制度迫使巴黎的大学生只是在空间中共存,为了一纸文凭而被动地上课和孤独地竞争,被互不相识和数量不定的刺激弄得疲惫不堪,试图以提出来即可大部分自行满足的充满恐怖概念的口头要求取代对实在的现实主义评论,这绝非偶然。认为只有使大学生完全摆脱大学的控制,"工作小组"才能加强他们之间的交流,这只是一种空想。这种乌托邦,连同对绝对不加指导的教学、几个人一起的共同学习及对"苏格拉底辩论术"的迷信,只能使人把一体化的需要设计为为一体化而一体化的表面化理想。

尽管这种思想的最极端的形式是如此地缺乏现实主义色彩，还是应该认真地对待它们，因为它们可能表现出大学生极力掩饰的某种真实情况。如果说一些价值观和思维习惯来自出身于资产阶级的生源，来自巴黎的地理位置，来自本专业更为传统主义的性质，那么最极端的思想就不能反映被这些价值观和思维习惯所统治的群体的客观实际，这样说是不是真的走得太远了？

不管大学生们有多少差异，他们的生活水平和成功机会多么不一样，他们至少在一点上是共同的。那就是，他们都希望在对统一的崇拜和多样化的游戏中鉴别自己的性质。这里的性质，不是一个样板，它比理想小，比框框大，为大学生的历史本质下了定义。如果具备客观的可能性，大学生的现状包含了他们与境遇和学业的关系，就可以解释为什么要从大学生现状的一般外表出发去理解他们某些深层的态度。因为尽管各类大学生在这方面的情况五花八门，与学业和境遇的关系还是可以作为历史分类标准的。

不能指望从服装、打扮、思想这些不断变化的、零星的一般情况去发现纯粹属于大学生的行为模式。这可能是因为在与他们是什么和做什么的关系的性质方面，或者更确切点说，在使人对他们是什么和做什么所发表的看法方面，他们格外相像。外人观察到的大学生的行为首先是象征性行为，即他们那些在别人和自己面前证明自己具有创造大学生特有形象的能力的行为。这是因为，他们面临的过渡性和预备性境遇使他们只能是自己所设计的那种样子，甚或只能成为一种纯粹的设计。

此种设计并不事先统一确定大学生象征性行为的内容，有时是专·地和有条理地把自己铸成大学生的意愿,不以一致承认理想大学生的形象为前提。因为,人们想实现的形象可以压缩为实现一种形象的迫切需要。想成为什么样的人和想自我选择,首先是拒绝成为不是自己选择的那种样子。在被拒绝或改变了的必然性当中,处在第一位的是社会出身。在避而不谈家长的职业方面,大学生们往往是一致的,而不管是什么职业。羞愧地沉默,说话半真半假,宣布与家庭断绝关系,都是与一种观点保持距离的好办法。这是学生们无法接受的观点:这种如此缺乏选择的决定,可以决定努力自我选择的人的一切。① 自我塑造和自我选择的愿望不一定造成某种确定的行为,它只要求象征性地利用行为,证明自己已经选择了此种行为。所以,无论是大学生对大学生还是对自己个人的评论,无论结果是肯定的还是否定的,总是要回到他是什么这个造成他存在的问题上来。

"我从来不以大学生的身份想我自己。"(建筑专业女大学生,20 岁)"并非只有一种大学生,我们不只是大学生。"(社会学专业女大学生,20 岁)"我是大学生,就像是别的什么一样。"(心理学专业女大学生,27 岁)"大学生就是我,当人们问我时我只能谈我自己。"(社会学专业大学生,21 岁)

当一定的规律或频率使一种行为得以产生并使它平淡无奇的时候(不论是穿着厚呢上衣还是欣赏"加农炮"阿德雷)②,这种行

---

① 在答复关于父母职业的问题时,大学生中保持缄默的比例总是很高。
② "加农炮"阿德雷(Cannonball Adderley,1928—1975),美国著名萨克斯演奏家。

为就把区分的权力交给了拒绝它的行为。以大学生的身份显示与他人的区别，实际上就是使自己区别于包含着其他人的大学生本质。

"我的情况特殊，我不像人们所说的大学生。"（考古学专业女大学生，20岁）"我不是大学生。"（心理学专业大学生，26岁）"标准的大学生是独立的大学生……存在着一种风尚和知识分子的潮流，但只有那些试图拥有大学生风度的人才去追随这些。"（社会学专业大学生，24岁）"巴黎大学学生的形象：脸色不好，带着《世界报》闲逛，在咖啡馆里辩论……因为在里面不高兴而抱怨巴黎大学。"（人种学女大学生，21岁）

在这里，不管是什么样的约束，与它的各种关系都力图根据象征性地把必然转变为自由的逻辑得以实现。如果说在时间和空间中的经历也像可能的那样不真实，这是因为大学生象征性地理解时空的约束，以从中自我选择为大学生。有些地方，像大学生食堂，可以成为只有大学生才去的地方；有些地方，比如某些咖啡馆，大部分光顾者是大学生。但它们并没有因此而使在那里相遇的一个个小群体在社会方面接近。大众咖啡馆里的交往使所有的"常客"都参加进来，而大学生咖啡馆的基本单位是同桌的人。之所以有这种区别，是因为很多大学生前来消费的首先是那些象征性的意义，而咖啡馆和在咖啡馆里独自工作就充满了这一意义。和电影俱乐部或爵士乐舞厅一样，咖啡馆远未被视为一个交流与合作的空间，它只是一种神秘空间的一部分，大学生来这里不是为了相互见面，而是为了会见大学生的典型。即使是"大学生宿舍"这个因经济条件所限而强加给大学生的空间,也无法摆脱这种象征性地改头换面的游戏。这种房间和"私人家里的"房间及学生之家的房间不同,即便是对那些抱怨因住在那里而身份降低的人来说,它们也属于一种文学空间。这种空间给两个极端以优惠,即最上面和最下面,阁楼和地下室,在简陋中表现出志向的风险和自由的代价。

大学生永远也不能完全摆脱他们出身的阶级,甚至他们的境遇与实践(后两者总是与他们的出身密切相关)。因为,作为知识界的新手,他们与所出身的阶级及与他们的境遇和实践的关系为他们自己下了定义。作为渴望知识的人,他们根据按自己的逻辑理解的知识阶级的模式,努力体验这些关系。他们把自己看作一种文化自由意志的主体,出于对中学纪律的反抗,经常出入电影爱好者俱乐部,购买唱片和电唱机,用各种复制品装饰房间,寻找文学或电影界的先锋。不管是政治性和文化性讨论,还是借用书籍和唱片,交往的内容并不很丰富,谈不上相互教育。这些交往的作用,看来至少是有助于对文化价值的承认。作为说情者和中间人,已经皈依的年长者带着新来的学生进入这一必须进入的文化天地,否则那里有可能成为成人或官员的领地。

作为青年和学生,大学生比其他人更急于寻找指导自己思考和生活的老师。因此,这些未来的知识分子对只有在知识界才能找到的榜样极为敏感。他们寻找的范围,往往是日常实践直接和经常接触的知识界的一部分,即他们的教师。因向往文化而组成的群体,自然推崇文化的价值和传播或体现这些价值的人的价值。有时候,经常直接接触的这个或那个教师,就表现出人们所向往的知识分子富有魅力的形象。学生的课程不可能由一位"大教授"贯穿始终,于是他们总是以久负盛名的教师的名义反对普通教书匠的陈规陋习。教师形象的分化使得大学生去认同"好教师"体现的价值,尽管他们对专制的、啰唆的和使人扫兴的教师有反感。在远离学校的行动中,教师甚至可以成为它们合法性的依据和保证。当大学生与他们的教师服务于共同的政治事业时,他们不就是怀着真福与它自然带来的完德在实现着自己"特有的本质"吗?

63 　　随着时间的推移,人们可以反驳说,与诸如现代交流手段等更能满足新要求的那些方面的影响相比,教师的作用已经微不足道。可以很容易地证明,至少在大学生当中,大学仍然是最传统文化的大型载体,而且在间接的或第二位的意义上讲,大学也仍然在传递着正统性少一些的文化内容。比如,大学里很了解电影和爵士乐的人的数量明显少于因职业兴趣而对此加以评论的人的想象,而这在作为教学内容的其他艺术领域中更少。尤其要指出的是,在这方面成绩最突出的,是那些把学校的技术和兴趣转移到这些领域的,最适合学校环境的人。

　　关于电影和爵士乐的知识,远未构成一种平行的、具有竞争性和补偿性的文化,它随人们对传统艺术熟悉的程度而变化。因此,和其他方面一样,在电影和爵士乐方面水平最高的,自然是那些与学校环境最一致、层次最高的群体。比如,在要求他们说出一系列电影的导演姓名的时候,94%的综合技术学校的学生至少能说出一个,而在准备学士学位的大学生中,这样的人只占69%;同样,73%的综合技术学校的学生对爵士乐有最基本的了解,而这样的人在准备学士学位的大学生中只占49%。

人们知道,只有依靠大学支持或满足学校要求,少数纯属大学生的文化团体,如戏剧小组、诗社等,才能持续存在。所以,巴黎大学古典戏剧小组和现代喜剧小组之所以能维持和发展,有赖于它们的准专业化倾向。大部分大学生都这样认为。他们对这些社团作品的了解,只限于为他们学习服务的范畴。

由于一些大学生通过他们的宣言和表面的态度装作不承认学校的作用,由于一些人力图证明教育不能产生任何影响,也不能影响任何人,人们忘记了教育可以在很大程度上在学生当中激发对其实施内容的需求。实际上,教师总有这样一项任务,在满足对知识的消费癖好的同时,又在制造着这一癖好。教育对文化财富市场的作用,可能在法国大学传统中表现得最为明显。教师的能力无时无刻不在促进着文化消费:显示才华,赞扬性暗示或贬低性沉默,常常可以决定性地改变大学生的实践方向。人们经常不无讽刺地注意到,在遇到一位有影响的哲学教授之后,不止一个大学生自认为也成了"哲学家"。① 可是,人们较少发现,教师的影响能扩大到教学内容以外的其他方面。

大学生和教师是教育制度的产品,他们都表现出这一制度的逻辑:大学生对知识的"生产"和传播无所作为;教师不(或很少)了

---

① 在回答公开提问时,四分之三的大学生都把自己艺术生涯中最重大的事件与一名教师联系起来。

解学生的需要,如果他试图这样做,就会遇到学生的消极或不解。学生共同的倾向是吸收知识,等待着教师指出重点并决定满足那些他在制造它们时就决定满足的那些需要。所以,教师对所有事情都有主动权。他确定大纲、讲课题目、作业、课外阅读内容,以及许多可以注入学校机器但又对之无损的新奇事物。在目前的情况下,对消费的调查归结于对生产的调查:要想知道大学生(首先是高中生)消费什么,只需(或基本上只需)了解教学在生产着什么。小城市的书商很了解这一点,早就期待着新哲学教授的出现。他们首先采购的,不是尼采的而是马克思的著作。在学校对新事物的确认过程中,这些哲学教师实际上起着突出的作用:不论是讲解海德格尔的思想,还是对萨特、控制论、安乐死或莫里亚克①做出评价,他们都要(向他们每年要教的 40 来个学生)宣布哪些是高尚的文化需要,哪些不是。

在这种情况下,如果不论是丰年还是歉年,学校都能生产出一批特别标准的消费者,那是不足为奇的。法国高中优秀生竞赛的获胜者就是这样的产品。他们表现出正统文化,证明了上述观点。1963 年,在获一等奖的 18 个人中(15 个高级职员和自由职业者子女,3 个商人的儿子),有 13 个人准备将来从事教学和研究工作,从而证明他们对已经给予他们承认的大学的承认。所有这些学生都把课外阅读作为一种可以选择的消遣,他们所钟爱的作家集中于为数不多的几个先锋人物:加缪、马尔罗、瓦莱里、卡夫卡、普鲁斯特。他们当中的 11 个人说主要喜欢古典音乐和话剧,电影和爵

---

① 莫里亚克(Mauriac,1885—1970),法国当代著名作家。——译者

士乐只能处于次要地位。他们都愤怒地反对把约翰尼·哈利戴①作为当代青年的代表,都把希腊列为他们想参观的第一个国家。于是,每年的获奖者在他们的前景计划中都反映出那些悼念性文章所推崇的美德。看到哲学、法语或古典语言方面的第一名反映出来的古典教育价值观所取得的成功,人们可以勾画出青年学者(*homo academicus*)的理想典型:1964 年哲学第一名获得者的父母和祖父母都是教师,他想考高等师范学校,通过教师会考后去做哲学教师;拉丁文翻译第一名获得者,"在 15 岁零两个月的时候就读遍了法国文学名著",而且"极端个人主义","令人吃惊得早熟",在从事研究和教学之间犹豫不定(见 1964 年 6 月各家报纸)。

上面所说的或许是一种极端现象。但是,是否可以说,具有这些传播手段的组织不可避免地传播一些东西,哪怕是它想传播并且认为正在传播的以外的东西?事实上,不管表面如何,大学一直是在说服那些已经被说服的人:既然它最终的使命是使人接受文化的价值,它就并非真正需要进行强制和惩罚,因为它的顾客都程度不同地向往进入知识分子阶层。可是,进入知识界只是有限的一部分大学生的合情合理的计划。那么,让所有的大学生,包括那些以后不会进入知识界的大学生,都用几年的时间来经历这个假设的和游戏式的成为知识分子的过程,会有什么样的作用呢?

一些大学生相互掩饰他们为之准备的前途,从而相互隐瞒他

---

① 约翰尼·哈利戴(Johnny Hallyday,1943—2017),法国摇滚乐代表人物。——译者

们当前工作的真实情况。驱使他们这样做的集体骗局,是大学理智策略的第一种形式。象征性地从事知识分子职业,像让·沙多(Jean Château)谈到儿童时所说的那样,以"装模作样"的方式完成知识分子的任务,从某个方面对某几类大学生来讲,是接受统治知识界的价值观的条件之一。今天,文学和哲学专业的大学生,还可以像处于黄金时代的师范生那样,把学习时间当作加入宗教团体之前的退省,为一种纯知识分子式的生活做准备,而且似乎就应该(或者说到目前为止一直应该)是这样。学习远不是一种简单的手段,它本身具有自己的目的。孤立地看待当前的学业,人们就会以对出发点和目的地($terminus\ a\ quo$, $terminus\ ad\ quem$)的双重否定为代价,给自己一种全面体验知识分子志向的错觉。从此,学会在社会性决定因素面前做手脚和耍两面派,就成为一种很好的职业准备。因为这样可以掌握一些技术,知识分子通过这些技术可以获得真实的或虚构的对自由智力(freischwebende Intelligenz)的体验。

大学实践的不现实性不正好加强了这种错觉吗?甚至连专门的惩罚和强迫也得到缓解和减轻。由于学生和教师心照不宣地配合,大学的纪律既不能被专横地强施,也不能被无情地接受。学习中的失败虽然是一种悲剧,但也从来不会像解雇那样严重。根据它们所包含的最严厉的惩罚性质,考试和大学的制度可能更接近于赌博而不是劳动。由于经常担心自己是随便什么东西或随便什么人,大学生总是探寻着自我;由于头脑中充满了存在于负责建立毋庸置疑的等级制度的机构之中的本质主义,教师越是把以表现潜在的、具有决定意义的、即本质的能力为唯一目的的报告或论文的生产看作操练,看作虚构的"行为",他们就越认为有理由对学生做出判断。如果了解这些,人们就能明白,大学生注定要在学校评价赋予其"作品"的价值中去寻找的,只是选择的无可争议的唯一符号。教师和学生可以发现考试和学校的处分不真实或在当时以此开玩笑,但他们仍然认为这里面有个人拯救的悲剧性价值。①论文被大家公认是借口,但它是一种判断人,至少是判断大学里的人的借口,证明他们是我们社会的人的一部分,证明在涉及人的时候,他们并不代表全部。学校环境有不止一种特点使人想到赌博环境:规则的使用只是为了使人参加进来,时间和空间有限而且来自诸决定因素起作用的真实世界。这是因为,通过使人相信自己是赌注,学校比其他各种赌博都更强烈地希望或要求参加者对这一游戏更为依恋。

  大学最好的模式是合谋且虚构的对立,是自由辩论(*disputatio de quolibet*)和自由命题论文(*dissertatio de omni re scibili*)。学校在压力之下,通过此类最为正式的练习,教授如何使用智力方面的自由。认为大学与大学文化有问题,不也是遵循了这一模式吗?因此,怎么能不看到,对学校制度的反抗和对异端的狂热追求,正在通过迂回的途径实现着大学所追求的最终目的呢?就连那些最循规蹈矩的教师,尽管他们的本意不是这样,也会激发对一种被认为更富有生气、更真实的"反文化"的认同,无意识地履行着自己的客观职责:使新信徒酷爱文化,而不是仅仅作组织对文化顶

---

  ① 在大学校预备班,特别是文科预备班,对学习成功的崇拜达到了极点,把它看成了个人拯救的信号。我们都知道一些失败和不少的成功所铸成的悲剧。

礼膜拜的大学教师。总之，学校理性的最高策略就是强制，它使那些最固执的人接受一些价值观，这些价值观虚假地否定强制所服务的对象。表面最放荡不羁的行为，往往只是在传统模式的传统应用范围以外对这些模式的屈从：逃学的好学生是文化游击队员。如果美国西部片不是作为西部文化出现，对西部片的狂热会和现在一样吗？电影俱乐部负责人听到的议论和发言，是文学和哲学教授一直尽力启发而又往往得不到的。于是，对外部强加的规则的反抗，是规则所强加的价值观得以内化的途径之一。这与弗洛伊德的想象有相似之处：被摄取的父亲是从他被杀的时候起才处于支配地位的。

如果说巴黎大学文学专业的大学生体现了作为知识分子新手的大学生的理想-典型形象，即一种既完整又夸张的形象，决心参加把辜负期望的技术变为行使知识分子自由的特有方式的游戏，以证明自己是自主的知识分子，那又有什么值得惊讶的呢？

在巴黎，不让家庭环境对政治观点的影响流露出来的做法表现得最为突出：巴黎大学出身于资产阶级的学生比例最高，可是自称左派的学生的比例也比外省高；在外省，政治观点的左倾则与出身低下有着极为密切的联系。同样，拒绝承认参加左派政党的自称左派的大学生的比例，也是巴黎最高。为了明确自己的政治态度，认为有必要冠以"新托洛茨基主义""积极的无政府主义""新革命共产主义"等特殊标签的大学生，有三分之二在巴黎。从更广泛的意义上讲，如果说巴黎大学生在审美方面常常倾向于先锋派，在政治方面常常倾向于极端主义，愿意并且已经和外界产生裂痕；如果说他们愿意并且已经加入逆流和走向反面，服从反正统主义的止统主义；这是因为，资产阶级出身的大学生把浅薄涉猎和不认真的价值观带到了大学生当中。尤其是在巴黎，这种价值观影响到全体大学生。它与进入知识分子理想中的另一种价值观关系密切，后者主张无牵无挂、无根无基的才智。

因此，巴黎大学生比其他所有人都更倾向于把青年和社会的象征性隔绝与才智的形成混淆在一起。在这种情况下，尽管女大学生的很多选择受制于最传统的模式，她们当中不少人还是通过跨越性别标准在实现着自己所勾画的解放型女知识分子形象。此种解放的最高象征性结果，表现为它所批准的明确颠倒："先是推崇童贞……后来是另一种'神话'——应当不惜一切地丢掉童贞"。① 而在一定程度上，某些政治归属的吸引力，往往就在于可以使人以最廉价又最严重的形式，象征性地消受与家庭环境的隔绝。与社会出身、职业前途及为之做准备的学业等所有约束保持距离，是典型的知识分子游戏，它呼吁并支持为掩饰而掩饰的游戏。社会出身造成的差异越是被回避，人们在观点和爱好中强烈表现出来的差异就越是明显和突出。不同宗派以如此快的速度，以如此复杂的机制对抗、分化和组合的社会不是很多；论战游戏能以如此巨大的力量从中引起如此激情的群体也很少。于是，一个团体的少数人可以反对这个团体的多数人，并且并不因此而附和他们反对的人在里面处于少数的另一个更大团体中多数人的

---

① 阿马多·莱维－瓦朗西夫人(Amado Lévy-Valensi)：《大学生具备成人的情感吗？》(L'étudiant possède-t-il une affectivité d'adulte?)，《里尔大学》杂志(Lille-U)，第7期，1963年11—12月号。

立场。①

尽管大部分大学生只是从很远处加入这些辩论,而且很难从中相互识别,他们提出来的,使他们在无休止的辩论中相互对立的不同政治观点和美学价值观,也服从上述逻辑。与别人加以区分的意愿,在政治、哲学或美学方面都可以同时找到场所:一种托洛茨基主义反对另一种托洛茨基主义,它同样强烈地,但以不同的形式反对授权主义;安东尼奥尼②一部影片的欣赏者反对他另一部影片的崇拜者,这两个唱诗班又共同反对伯格曼③,当然出自各不相同的目的。事实上,寻找差异需要一个前提。那就是,在差异游戏的限制和在其中进行游戏的必要性两者之间,达成一致。可是,不走出一致划定的范围,就很难发现真正的差异。这样,不同意见总是可能带有虚构性和表面性,人们所辩论的可能永远不是实质性问题。因为要想辩论,就要对实质问题取得一致。

一致和不一致在一致划定的范围内的结合,在巴黎最为明显。对立的小团体的大量产生和不同倾向之间的冲突并不能掩盖以下事实:巴黎79%的文科大学生自称属于左派,外省为56%;巴黎只有20%的大学生言称反对参加各种团体,外省为35%。尽管持不同观点的团体受到不同思想流派的不同协调,它们在整体上还是大致相同的。比如,"参与"可以在行动上和词汇上有十分不同的表示,但行动中的规则是绝

---

① 这就是联合会组织机构中常见关系的简化模式,比如巴黎一个学生会组织办公室与里尔大学生联合总会的关系、后者与法国全国大学生同盟领导部门的关系。
② 安东尼奥尼(Antonioni,1912—2007),意大利著名电影家。——译者
③ 伯格曼(Bergman,1918—2007),瑞典著名电影家。——译者

不怀疑"参与"的必要性。更确切地说,是绝不怀疑"具体参与"的必要性。同样,大学生可以隐隐约约地发现他们辩论的游戏性特点,同时又继续完全严肃地对待它:"辩论到底是有用还是没有用?它占去了很多时间,但这是每天的老规矩。"72(高级职员的儿子,巴黎)"有各种各样的会议和咖啡馆里的辩论,它们不一定都是完全愚蠢的,可以讨论政治问题和社会问题。可是,它们最后一般都不会有多大作用,只是占去了一些时间。"(商人的儿子,巴黎)"每天在咖啡馆里的讨论,可以看作是一种消遣,是一段放松的时间,是思考学校里不直接讨论的问题的一种方式。"(高级职员的儿子,巴黎)"星期天晚上,在一间屋子里,我请一些同学来讨论,可以说这是一种消遣。"(高级职员的儿子,巴黎)

无论是一致的力量还是对一致限度内的表面对立的兴趣,都无法用环境直接施加的压力来解释。因为人们看到,大学生界在巴黎比在其他地方更不统一。思想游戏或许只是对学业和知识分子生活的整个态度的一个方面,特权者的地位很正常地批准了这一态度。由于没有清楚地区别生活条件和工作条件,人们往往不知道巴黎大学生的生活条件明显好于外省大学生:在巴黎,出身于富有阶级的大学生、住在家里的大学生和受到家庭资助的大学生的比例最高,而以打工为生的大学生的比例最低。人们知道,与资产阶级的出身必然相联的文化特权,由于居住地是巴黎而成倍增加。所以人们懂得,巴黎资产阶级的大学生积累了各种特权,可以比别人更多地表现出对学习的随便和不关心。从中,人们看到了知识分子的镇静。巴黎资产阶级的大学生在政治方面更果敢,这使他们得到了加入到知识分子的一致里以后的满足。这种加入越是坚决,越是在表面上值得称赞。

73　　不过,最重要的区别,至少在深层的态度方面,可能还是源于巴黎和外省大学生与大学制度、教师及知识界的关系的性质。巴黎的大学生距知识分子价值观的大本营更近,受到的吸引力更大。各个小团体之间的细微差别,只有亲身参加的人或通过中间人,或者更确切地说,只有生来就属于窄义或广义知识分子家庭的人,才能察觉到。各个团体之间的这些差别,它们之间的联系,总之,只有通过经常参加研讨班、讲座、辩论或会议,通过阅读时髦杂志,通过参加总有消息灵通人物出没的小组,才能得到的整个信息资本,赋予大型理论辩论以闲谈的味道,允许它们具有一种既有神圣化作用又有非神圣化作用的亲密性。这种亲密性,和使罗马平民不尊重地谈论元老院令人肃然起敬的秘密的那种亲密性如出一辙。

另外,在对大学控制的依附方面,外省比巴黎强:当巴黎的大学生在教师繁多的局面中发现了使每个教师的影响(或者说权威)相对化的方法,或者更彻底地在知识界的多样性中找到使教师影响相对化的方法的时候,外省的大学生还被封闭在大学里,置于以支配者的身份统治一个学科的教师的管理之下。他们与学校的约束联系更为密切,一直涉及那些最为自由的兴趣,他们把学业视为知识分子冒险事业来加以感受的倾向较巴黎为轻。

因此,所有这一切都事先注定,巴黎文科大学生将进入文学巴黎的游戏。这些学生通过学习获得了一整套修辞学的武器和思考
74　的兴趣,他们越是因处于争夺对象的地位而客观地受到邀请,就越

感到有把握参加当前的思想辩论。可是，当他们真的这样做，像今天这样讨论教育危机的时候，却倾向于夹杂进个人的大野心和小悲剧，把他们喜欢体验和思考的经验普遍化。这是因为，他们体验和思考这一经验的环境，以思考普遍性为天职。这样，由于文学、哲学或社会科学专业中闲谈与科学讨论的界限比其他专业更不明确，由于道听途说得来的知识在这些专业中不易被揭露，这些专业的学生就可以使一种只能成为新手的幻想的东西，成为对教育进行普遍性思考的原则。同样，思想游戏也可能成为一种方式，克服对大学生境遇的苦恼和不快的体验。对巴黎的大学生来说，不惜一切代价地标新立异，可能具有特殊重要的作用。他们的工作条件极为艰难，每时每刻都感受到与陌生竞争者的有威胁的接触所引起的不安。不能排除，一些诸如溃退或孤独的更容易被确认的经历，在"转移"上述不安时，表现出大学生的根本性焦虑：被置于不停地询问自己是什么、有什么价值并且只有学习成功才是中选的唯一标志的境地，从内心深处感到失败和举目无亲的侵袭。为了让教师注意自己（"自我表现"）而做出的努力或使用的手腕一样，或者是它们的反面——冷嘲热讽和诋毁诽谤，思想辩论也是摆脱这种无依无靠感受的方式之一。

自我教育的神话是亚里士多德式的空想，它的对象是那些被选择出来的愿意自己确定其行动目的的人组成的小群体。它之所以最近颇为成功，可能是因为确立了永无休止的节日活动，从而满足了巴黎资产阶级文科大学生内心深处最隐蔽的期望：通过这些活动，一个团体可以人为地强化那些象征性交流，确认自己加盟；它可以以加盟团体的面目出现，充分享受一体化带来的快乐。除去加强一体化以外,这一游戏没有其他目的。①

如果说,很难真正辨别使大学生分化和聚集的那些东西,区别他们的诺言、信念和活动中游戏与严肃所占的比例,这是因为,与文化的传统关系所启发的思想和产生的形象,迫使大学的、职业的或大学生的实践只能间接地和象征性地反映实在,即必须以修辞学的错觉作遮掩。因此,为了得到行为的客观意义与思想二者之间关系的模式,必须置身于一种纯粹的环境。在那里,文科专业所鼓励并保持的对文化的传统态度、因住在巴黎而受到促进的与知识界的频繁接触、优越的社会出身所赋予的没有后顾之忧的自由,这三者同时存在。集中体现这些特点的大学生,尤其是出身于知识分子家庭的巴黎文科大学生,被认为是传统大学生的理想典型。于是,他们的境遇所形成的表象,表现为他们境遇的反面。思想社会学通过将赞成与反对倒置,揭示了已经宣布的差异掩盖的一致和已经宣布的一致掩盖的差异。②

如果态度的主要决定因素真的是社会出身,如果出身于资产阶级的大学生真的占多数,如果来自家庭的价值观继续影响着他们并通过他们影响其他阶级出身的大学生,人们就有理由认为,大学生界的许多特点来自其中在数量和地位方面均处于优势的群体。知识界的新人主要从出身于资产阶级的大学生中选择。这是

---

① 在这里涉及此种辩论,只是因为在文科和理科大学生组织、巴黎和外省大学生组织之间的对立中,除了可作政治判断的观点冲突之外,社会学分析还注意并更重视其他东西。显而易见,这些冲突表现的如果不是真正对立的利益,至少也是与对立群体之间的社会差异密切相关的思想差异。

② 见表 V。

表 V

思想

- 以无法改变和特有面目出现的大学生境遇的统一性
  导致了
- 对大学生意愿统一性的肯定：
  —对生活水平
  —对独立自主
  —对新型教学关系

已经宣布的一致

- 一致所强行造成的不一致的不断增加
  导致了
- 政治、思想、美学等方面的多样化

已经宣布的差异

被掩盖的一致

- 资产阶级出身的大学生在数量和地位方面的优势

- 反正统主义的正统主义（对知识界准则的服从）

- 作为学校持续行为产品的人群中对学校要求的顺从

- 大学生境遇的差异：和对学校或文化的态度与期望一样，生活条件取决于社会出身

- 住在巴黎和外省造成的差异

- 专业多样性造成的学习实践的差异

社会学

因为,自由智力游戏的前提是,把学习作为一种游戏来体验,它排除了其他所有的奖惩,只保留了赌博规则所要求的方式,而不像通过职业成绩来进行检查的那种学艺。下层阶级出身的大学生带来了新的价值观,并注定以更现实主义的方式来体验大学生的处境。随着他们比例的扩大,人们将逐步放弃那种把主导群体的特点赋予全体大学生的理想典型式描述。但是,这一过程不会很快。因为,就在资产阶级出身的大学生在数量上不占优势的同时,他们带给大学生界的准则和价值观仍被认为与这一群体密不可分,即使是新进入高等教育的那些属类也持相同看法。

大学生的境遇,并未不加区别、千篇一律地迫使各类大学生都去进行一种不真实的和游戏般的体验。在他们就自己当前和未来的作用向自己提出的问题当中,大学生加进了一个十分严肃的问题,近几年来尤为如此。他们明确提出的他们所要求的严肃性问题并非无关紧要。可是,只靠严肃意愿的作用并不能消除大学生境遇的不真实性。由于对学校经历的不真实感加重,而产生了关于大学生境遇严肃性的严肃问题和关于真实问题的不真实提问,这岂不是更好?

因此,一个是因大学生境遇只有通过类比才成为一种职业这一事实使他们的经验具有的不真实性,一个是不同的富有程度使人产生的不同的非现实主义,应当把二者加以区分。非现实主义的倾向不仅与境遇所包含的不现实成分有关:传统的资产阶级大学生(公证人的儿子肯定自己将成为公证人)可能对学业有无聊与没有价值的体验,这与大学生境遇的不真实性关系很小。相反,今天文科大学生最明显的举动印证了他们所强烈呼吁的未来,他们

第二章 严肃游戏与游戏严肃

可以对过去大学生别致的经历闻所未闻,却也感到了未来的不真实。如果出身于小资产阶级或劳动大众,他们甚至可以感到方法、有时连内容也很少变化的教学的不真实,因为此种教学不适合出身环境带给他们的期望和兴趣,也许是因为他们用职业前途——他们以更现实主义的态度关切的事情——的尺度来衡量教学。另外,人们从来没有像现在这样对实际情况无动于衷,以至不管是否自觉,他们都参照实际扮演自己为之准备的角色的客观机会组织自己的行为态度。所以,参加智力游戏的程度和接受这一游戏的价值观的程度,从来都不能与社会出身无关。因此,在"严肃者"的名字下,隐藏着两种体验大学生境遇的方法。一种主要是资产阶级出身大学生使用的方法,他们使学习成为这样一种经验,没有比他们带来的问题更为严肃的问题。另一种属于来自与学校文化最远,并被迫以不现实的方式对其加以体验的社会阶层的大学生,它表现出对前途的焦虑。由此可见,并非所有的对不真实的揭露都具有同样的严肃性,对不真实的最严肃的体验也不一定使人倾向现实主义。

第 三 章

学徒还是小巫?

82　　　受教育的必要性作为儿童特有的、对自己的现状不满足的感觉,存在于儿童之中……游戏教学法把幼稚的元素作为某种自身有其价值的东西对待并把它展示在儿童面前,为了儿童而贬低那些严肃的事物,从而赋予自身一个使儿童不以为然的幼稚形式。此种教学法,通过使儿童以完美的面目出现在他们自认为所处的不完美阶段,力图使他们愉快,从而打乱并篡改了儿童那些真实的、自发的、好得多的需要。游戏教学法的结果是,从精神世界分离出最基本的实际,首先是对儿童眼中那些幼稚的和可鄙的成人的鄙视,然后是充满高贵感的儿童的虚荣和自信。

　　　　　　　　　　　　　　　　　　　黑格尔:
　　　　　　　　　　　　　　　　《法律哲学的原则》

第三章 学徒还是小巫？

大学生的境遇包含着一种关系的客观可能性,那就是与学业及其为之做准备的前途的不真实的或被神秘化了的关系。要想理解其中的情况和缘由,就应该,至少是为了考证的目的,建立起完全符合合理性的大学生行为的理想典型。这种行为所需要的,必须是根据以单一方式提出的目的而设计的恰当条件。尽管尽可能远离实际,这种人为建立的典型无论如何也不是一种理想,因为它是通过把一种实在加以逻辑展开而得到的,而这一实在则包含在是大学生或处在大学生地位这一事实之中。人们通过把真实行为和具有所有合理行为特有明显性的理想典型式合理行为加以对照,更深刻地理解了前者的含义。此外,对学业的合理完成所包含的全部内容的全面阐述,可以衡量合理行为与各类大学生的实际行为之间的距离。具体讲,就是在衡量这些行为时,不是用武断选择的标准,而是用为大学生应有行为建立的模式。这样做的前提是,这一应有行为必须完全符合它某些思想表现所需求的那样,即对它的存在本身提出来的目的来说是完全合理的。如果承认行为模式建立在假设的一致性之上,即与客观存在于大学生境遇之中的合理目的相一致,当人们在把这一模式与大学生真实行为比较时发现它有空想的味道,如果承认它使某些大学生群体的至福千年说的思想显得像乌托邦,那是因为它将要完成自己的使命,做行为与思想的合理性和现实主义二者的试金石。

应当容忍下面情况的发生:对大学生来说,做从来就不是别的什么东西,只是造就自己。只有令人眼花缭乱的辞藻可以使人忘却是什么为大学生使命做出了定义:学习不是创造,但是自我创造;它不是创造一种文化,更不是创造一种新的文化,而是创造自我;最好的情况是像创造文化的人那样创造自我;对大多数人来讲,则是成为他人创造的文化的使用者或内行的传播者,即教师或专家。从更广泛的意义上讲,学习不是生产,而是制造出能够进行生产的自我。

能不能由此得出这样的结论:大学生要扮演的是一个被动的角色,除去生吞活剥和进行创造之外没有别的选择?脑力劳动的浪漫色彩和强加给它的令人难以忍受的纪律,使一些人以使人变得幼稚为理由,反对智力学徒的特有活动,即通过训练和作业初步学习从事智力活动。可是,学校正是通过组织这种想象中的"做",即练习,来训练大学生在做他们为了造就自己而应该做的事情当中去做。

换一种说法,就是大学生除去为自己作为大学生的消失而工作之外,没有也不会有其他的任务。① 这就要求他们承认,自己是大学生,是暂时的大学生,为自己作为大学生的消失而工作,也就是占有教师所以成为教师的那些东西,为教师作为教师的消失而

---

① 有人可能持不同看法,认为我们这里定义的只是教育的,尤其是高等教育可能有的多种合理性之一。我们勾画出了学生与学业关系的合理典型的几个特点。这一典型不是别个,正是智力学徒的理想典型。人们可以用多种正当理由,拒绝把学业压缩为这样的智力学徒。这里把上述最基本的定义放在首位,是因为在大学学生和教师试图赋予学业的特殊表象中,这一定义受到了最全面的拒绝。下面人们将要看到,传统的或特有的遗迹可以具有某种积极的功能,在文学、哲学等最传统的专业尤为如此(见第77页)。

工作。在这方面,教师可以提供帮助,他们赋予自己的使命就是为自己作为教师的消失做准备。事实充分表明,最美妙的神话就是通过参与创造文化的空想,在否定作为教师的教师的同时,魔术般地否定了自己的大学生身份。也就是说,这是一种乌托邦:认为不需要把否定过程的耐心和工作强加给自己,只要拒绝承认自己是大学生,便可消除自己作为大学生的存在。

人们看到,在假设目的与手段都具有合理性的前提下建立的教师和学生行为模式,都与当前的实际相去甚远。这样,教师和学生便可在对学生惰性的揭露中相遇,同时并不停止从中受益。十分明显,大学生永远只是教学关系中表示被动的词汇,在巴黎尤其是这样。之所以大学生发现自己是行动的对象,没有主动权,宛如孔狄亚克①的塑像,只有纯粹的接受功能,是因为他的全部活动只是记录:他在物质方面和精神方面积累知识,不能创造,尤其不能练习创造,纯粹是教师所授知识的接受器。可是,如果把这一情况完全归咎于专制的教师的保守主义,就是回避分析保守主义使大学生得到的深深满足这一事实,从而无助于更好地理解教师同时得到的满足:从来没有一个教师需要学生向他表示出来的全部惰性,他请求学生主动参与,也不能拯救现行制度造就的并受制于这一制度的逻辑的大学生,无法把他们从惰性中解脱出来。教师所能拯救的,只是大学生中的斯巴达克运动成员,他们以对大学生的创造的迷信来反抗教师的压迫,似乎惰性仅仅与创

---

① 孔狄亚克(Condillac,1714—1780),18世纪法国著名哲学家。——译者

造相对立。

人们对大学生一致的定义是正在学习的人,但从中得出的结论却不同。同样,人们也很容易地承认,做大学生,就是通过学习为自己的职业前途做准备。不过,指出这一说法的全部蕴涵并非多余。首先,这是说学习行为是服务于来自外部的一种目的的手段;其次,这是说学习行为只有在涉及一种前途时才有意义,而这一前途只是现在在准备否定自己时才加以准备的。这就是说,一种定义为暂时和过渡性的境遇,只有通过它所准备的职业地位才能保持自己的严肃性。换言之,只有通过间接和预测的方式,现实在这里才具有真实性。因此,只要沿着这一逻辑走到底,从事大学生职业最合理的方式就是根据职业生活的要求组织当前全部活动,利用所有合理的手段,尽快尽好地达到这一已经明确要达到的目的。①

实际情况完全是另外一种样子。一切在这样进行着:大学生得到教师的有意合作,通过分隔他们的今天和未来,把手段和被认为他们应该为之服务的目的分开,似乎在不自觉地掩饰他们工作的真实性。大学生的所作所为,即人们让他们做的这一切,之所以

---

① 通过对合理学艺的理想-典型式描述,这里暗含地提出了"合理的"教育的定义。人们可以反对这一定义,指出今天经济制度的需求已经不能再用狭窄的专门化的概念来表达,反而强调对多种任务的适应性。这只是一种在措辞方面的分歧,因为说到底,这是经济制度变化所要求的一种新型专门化。另外,我们的本意并非是鼓吹一种严格专门化的教育,这会导致承认文化的不平等,因为家庭环境是学者文化的唯一载体。当涉及使最大多数人接触各种形式的文化的时候,即从参观博物馆到使用经济概念和技术,或者一直到政治方面的信仰,越是因为没有任何一个机构能够取代学校,学校活动的暧昧性就越有害。往往用传统方法教授艺术和文学这一事实(根据这一文化的社会功能),不应使人得出结论,认为这一领域和别处一样,没有合理的教学方法。

往往被他视为"装样子"或"故意这样做",是因为他们的工作和别处不同,没有重要的和明显的额外好处直接跟随在职业任务之后。如果前途通过过多的中介与现实相连,那它总容易被认为是虚幻的。孤立地看这种本质上讲是暂时的和过渡的状态,就使大学生在忘记前途的同时忘记了自己。为此目的,大学的传统向他们推荐了两大模式,一个是"考试能手",一个是"浅薄涉猎"。① 二者表面上矛盾,却都得到了赞同。前一种人被学习的成功所强烈吸引,除考试外忘掉了一切,出发点就是人们认为考试可以保证的资格。这种"走极端"的大学生的视野受到只注意学习报应的局限,他们与只知道智力探险的无限遥远前景的"浅薄涉猎"者表面上正好相反。认为学艺本身就是目的的幻想,产生了去做知识分子——永恒的学徒——的吸引力。但这只是神话般地进行着,因为必须要否认学艺真正为之服务的目的,即进入一种职业——知识分子。在上面两种情况下,不论是使现时永恒化还是使它孤立化,所做的努力同样都是使客观地呼唤自己消失的现时固定不变。

在大学生中,有时在一个大学生身上,这两种不去体验的体验大学生生活的方式同时存在。因为,它们是整个大学制度产生和鼓励的,使教师——学生的对手和同谋——获得了像他们愿意的那样去体验教师职业的理由和手段。因此,应当而且只需让大学生为自己的境遇制造一个合理的和现实主义的形象,就可以使教师面临能把他置于教学中辅助地位的要求。这样,教师的职业任

---

① 如果在这两方面达到极点,教师和学生就分别戏称之为"走极端"和"招摇撞骗"。

务便只成为一个职业计划的一个阶段。教师不再是这个阶段的主人,也没有理由成为这个阶段的主人。和一些大学生不可思议地否认自己是大学生或者否认教师是教师一样,许多教师也动员一切神赐的能力,想方设法不承认否定自己教师身份的可能性,断然拒绝扮演这一工具性角色。

对大学生境遇的神奇体验,导致了对教师功能的迷人体验:中选者在选择中的会见可以代替经过技术处理的师生关系。因为这可以使教师以支配者的身份出现,是在因个人天资而传授一种完整的知识。这种相互讨好且相互补充的游戏服从于制度的逻辑。制度,比如法国的制度,就其当前形式而言,似乎服务于一些传统目的而不是合理目的,有助于培养有文化教养的人而不是有一技之长的人。① 教授一人讲学生下面听的大课本身也还是一种交流,因为名家的壮举暗含地以有资格接受和欣赏它的人为对象。大学里的交流是一种天资的交流,交流双方给予对方的正是后者所期望的,即对自己天资的承认。②

但是,并非所有大学生都与他们当前的境遇保持着一种如此虚假的关系。因为,对所有人来说,前途并不都是这样不真实、不确定或不乐观的。与合理计划的距离,随最迫切希望实现的前途的客观机会大小而变化。不过,这些机会又因为期望之中的职业

---

① 这在文科教学中最为明显,但在其他领域中也并非完全两样:理科教学也可以让位给神赐的能力,即不重视耐心的步骤和处于次要地位的操作,只重视漂亮的解决方案所表现出来的才华。

② 在《欧洲社会学中心手册》第二期的引言中(见该杂志第11—36页),把教学关系作为神奇的意象交流进行了更为系统的分析,同时还分析了对与之关系密切的语言隔阂的宽容。

前途的性质和各类大学生目前的状况不同而有很大差异。与医科大学生或国立行政学校学生相比,文科大学生的职业形象往往更不确定。即使在文学院内,像社会学这样的出路不确定的专业,似乎吸引来的也是那些志向最不确定的学生。同时,这些学生也使得这些专业的使命更不确定。当职业前途明确而肯定地与当前的学业相连时,大学里的锻炼便立即从属于职业任务,后者赋予前者意义和存在的理由。与此相反,经常被不确定和无法言明的,因而使人不安的前途所困扰的文科大学生,要想使自己的事业有意义,就只能把学校里的锻炼和在知识界的冒险混为一谈。如果说哲学专业大学生不以也不能以未来哲学教师的面目出现,这是因为他们想要达到这一目标就必须忘记它。在这里,被神秘化了的体验是接受那些存在于实践之中的价值观的条件之一。因此,对文科专业来说,工作的最不合逻辑的形象并非总是毫无逻辑。在这些专业里,使手段合理化的意愿总是可能表现为与更传统的而不是更合理的目的的性质无法兼容,或者至少是因为经常缺乏其他好处,而使学业及其准备的知识分子生涯失去了那些赋予它们魅力的东西。

对女大学生来说,进入一种职业的可能尤其不确定。所以,她们也得努力回避前途问题。前途可能使她们的现时失去全部意义,或者赋予现时一种与她们的期望完全相反的味道。可是,她们的客观前途又十分明确,必须接受:在女大学生中神秘化永远不能完全实现。所以,解释她们许多行为的答案,只有在她们处境的客观实际中才能找到。性别的差异,从来没有像在包含有自我形象和使未来得以提前的行为和观点中一样,表现得这样明显。尽管女大学生的生活和工作条件总是力求与男大学生接近,尽管她们比其他女性更公开反对传统形成的女性社会地位,还是应该避免得出这样的结论:所有女大学生,在所有领域,都同样地远离传统模式。由于过分明显地与一种被拒绝的角色相关联,最明显的模式最容易引起抵制或反抗;而那些并非不传统,只是未被明显察觉到的模式,则可以继续秘密地起作用,所以它们在继续决定着集体的客观前途。

女大学生,尤其是出身于资产阶级的女大学生,对前途的理解是含混不清的。"我非常高兴当大学生,这是人一生中最幸福的时刻,可以做他高兴做的事……我们有空做一切,这是应该丰富自己的时候。"(巴黎女大学生,20岁,出版商的女儿)"我很高兴作大学生,空余时间很多。"(巴黎女大学生,20岁,医生的女儿)"大学生向着某种目标前进,这是一种期望,重要的是感到自己可以做些什么。"(巴黎女大学生,20岁,大使的女儿)"大学生处在人生选择方向的时期,人可以终身作大学生,这也是一种工作,和别的一样:对自己的所作所为负责,力求智力上的进步。"(巴黎女大学生,21岁,教授的女儿)"大学生对他们所学的东西并非问心无愧……这时候,我没有感觉到自己是有用的人……我这样一个人,一个法国人,难道有一天能够承担我从目前这种状态的社会中得到的东西吗?从严格的职业观点来看,我将来能够应付。但从更广泛的意义上来讲,我不知道。"(巴黎女大学生,21岁,高级职员的女儿)她们对本属类客观前途的涉及似乎太早。从高中开始,14—15岁的女孩子就考虑这个问题。她们不仅从所谓的"女性"职业,如教师、学校心理工作者、室内装饰工作者中去寻找,而且还往往明显地考虑半日工作,以留出时间做家务。

同一社会出身的男生和女生,在接受高等教育的客观机会方面的差异,小于他们在选择专业的机会方面的差异。这在很大程度上是因为,家长和女学生本身继续坚持女性特有的"品质"或"天性"的形象,而这一形象仍然受男女劳动分工的传统模式所左右。① 同样,人们可以设想,男女大学生在生活条件方面的差异(比如居住条件),也并非没有反映出家长和女大学生本身对适合男生和适合女生的自由的看法。从更广泛的意义上讲,性别所造成的差异,在与自我形象最不自觉的方面有关的行为和态度上表现得最为明显。打算将来从事教学的情况在女生中比在男生中更为常见,此种倾向表现出不放弃妇女传统使命的考虑,这在外省比在巴黎更为强烈。② 在水平相同的情况下,女生对自己学习成绩的看法更为适度,对脑力劳动的技术表现出更多的谦卑。女生每周的工作时间与男生基本相同,但她们读的哲学和社会学著作却比男生少。③ 通过这一事实,人们可以看到她们很难把学习当作一种智力使命来体验的又一迹象。一切就这样进行着:女大学生更强烈地感到最不具学校特色的文化活动的不真实性,她们力图以自己的虔诚和在学校里的温顺来回避她们的学业所准备的前途

---

① 见本书附录 I,表 1.5。
② 女生在各专业中所占比例的变化证明,男女劳动分工的传统模式仍然强烈地影响着女大学生的职业选择,并因此制约着她们对自身境遇的体验:今天,文学院(那里很早就有女生)和药学专业女生的比例最高(超过半数),女性化的速度也最快。见附录 I,表 1.5。
③ 见附录 II,表 2.31—2.34。

这一问题。根据同样的逻辑,人们在参加政治和工会组织方面看到的区别也就可以得到解释了。在大学生当中,政治不言自明是男生的领地:学生组织领导人把该组织的温和色彩归咎于女生比例大的情况并非罕见,他们不愿意把认为最严肃的任务交给女生完成。女生的政治色彩和左的倾向都不如男生强,她们在学生组织中担负的责任少;她们看报比男生少,而且所看报纸的政治色彩也不那么浓。①

女大学生谈论"参与"时的言辞比什么都清楚地体现了她们与在大学生界占统治地位的价值观关系的特殊性,以及她们试图为自己的角色建立一种统一形象时遇到的困难。她们也在很大程度上保持着大学生界所特有的思想一致,声称自己"已经参与"(三分之二的人),而那些没有参与者则请求原谅。可是,她们的全部言论表现出她们不再忠于妇女使命的传统定义。在她们当中,只有个别人用功利主义或合理性来为"为他人服务"辩护,用许多隐喻来赞扬奉献的理想这个传统伦理道德的残余。在她们的言论中,接触和关系这些词汇,与向他人开放、充实、全面发展,或者与出席的义务等道德词汇交替出现:"具有使人充实的人际关系""与外界,与男生有着许多接触和交往""与他人的接触更多些""与他人直接接触""人际接触""对他人的意识""与他人合作""许多接触和对话的机会""这可以使我为他人服务""发现他人""个人发展,向他人开放""向他人开放的一种尝试""帮助他人,自我充实"

---

① 见附录 II,表 2.35 和 2.36。

"感到与周围的人一致,使我的人格全面发展""人格的发展,接触""发展与会见""愿它有助于使我向别人开放""更好地理解他人和自我培养""自我充实与使他人充实""应当发现并带来的东西""个人的充实""献身的方式""来自天分的个人发展""肯定自我,实现自我,投入实践,为一个抽象的理想而坚持""精神上的充实""使我关心的人充实和自我充实""这是生活的一个重要组成部分""我生活的稳定点""我工作的杠杆和支点""一种严肃而必不可少的事情""锻炼人类杰出能力的基本方式之一""承担自己责任的具体方法""我的位置是为他人服务""对他人负责""人类所要达到的目标""正义、和平、道德、自由、爱"。

总之,由于她们的现时被一种前途的形象所统治,而这一形象又违背了她们的现时或使之出现问题,所以女大学生不能无条件地接受知识分子的价值观,也不能像男大学生那样完全地通过消除自己前途的真实性,对自己掩盖自己现实的不真实性。在学校里的温顺可能成为她们实现上述目标的方式中最好的一种,这可能因为温顺是对妇女依附性的传统模式的极好再现。在这种情况下,温顺就完美地适应了在指导思想上(和教学人员中)仍然传统化的(和男子的)高等教育的期望。

至于男生,他们与合理性的距离及对知识分子职业的魅力的态度,则主要与他们的社会出身有关。很多迹象表明,在与前途的关系方面,女生和男生的差别,有些像低出身的大学生和特权阶层出身的大学生。女生获得一个职业,特别是一种知识分子职业(仅指行动而言,不管思想上是否拒绝)的机会客观上比较少,使她们不能以全部热情投入智力游戏，这只有在忘掉一个有保障的前途同时又不冒风险的情况下才是可能的。被迫面对一个比较现实主义的职业计划，下层阶级出身的大学生永远不能完全堕入浅薄涉猎之中，或者被学习暂时的魅力所吸引。对他们来说，学习首先是一个机会，一个应当抓住的在社会等级中得以迁升的机会。必要性就是法律。他们更了解也更接受自己正在为之准备的职业，更清楚也更承认自己正在为一种职业做准备。大学生与他们的前途，即与他们学业的关系，直接与本阶级的人接受高等教育的客观机会有关。上层阶级的大学生可以满足于空泛的计划，因为他们从未必须真正选择他们所做的事，这在他们的阶级甚至家庭中司空见惯。可是，下层阶级出身的大学生不能不对自己正在做的事提出疑问，因为他们忘记自己原本可以不做这件事的机会要少得多。

因此，如果大学生的境遇只有通过它准备的职业前途，或者更确切地说，通过它对待这一准备的严肃态度，才能保持自己的严肃性；如果由于不同原因，通过不同方式，大学生，特别是处于最优越地位的大学生，确实对他们境遇的客观实在视而不见；那人们就会明白，这是因为很少要求他们根据将要完成的职业任务合理地组织自己的实践；也是因为他们与自己的工作保持着一种往往很神秘化的关系，对掌握技术甚至秘方不感兴趣，不予重视。但正是这些技术和秘方，才能使他们有条不紊地组织自己的学习，以达到一种明确而单一的合理目的。比如，现在和未来的教师之间最常见的一致，就是轻视与他们正在和将要去做的事具有特殊联系的知识之一——教育学。同样，每种试图将一种"中小学式的"课程重新引进高等教育的努力,都立即被人学生和教师看作有损于他们的尊严,或者无法与他们对别人的控制并存。

　　这里,在神奇的意象交流中,教师和学生又一次在感情上取得了一致,比如,教师要想教授建立卡片或书目的方法一类的脑力劳动的物质技术,就会失去自己"先生"的权威,被学生看作在高等教育中迷了路的小学教师。每个大学生身上都有贝玑的影子,正是这个人把莫斯①称为"卡片箱"。至于为所用概念下定义的能力或修辞学与逻辑学方面的基本原则等智力技术,当大学生知道了它们的存在时,则认为它们有损于自由的、有灵感的创造这个脑力劳动的浪漫形象,是无法承受的压力或无足轻重的附属品。在与可能的未来的全部合理联系被隔断之后,现时成了梦中谵妄的场所,把关于有效的技术和技术的有效性的想法抛在一边。

　　因此,如果说在大学生界经常见到的职业"技术"几乎总是具有魔法的性质,这绝非偶然。无疑,现行制度的逻辑鼓励学生的惰性和依附性,使他们处在一个不能完全受完全合理的方式所支配的境地,比如,通过贬低成功秘方的作用,通过有时去掩盖正在发挥吸引力(有时是其全部吸引力)的物质和智力技术,通过使他们的判断标准含混不清,具有天赐能力的教师只能加深大学生的无能感、武断感和注定失败感。在大学生这方面,因为他们更喜欢这样,因为相信天赐的能力比相信通过艰苦劳动去掌握技术所付出的代价要低,所以他们就在缺乏天资的情况下,认为只有魔法才可以对学业的成功产生作用。

---

① 莫斯(Mauss,1872—1950),法国近代著名社会学家和人种学家。——译者

97　　实际上,人种学的调查表明,在对考试的焦虑面前,大学生们有一整套既神奇又富技术性的"手段"。其中,一部分是从前人那里继承下来的,一部分是个人的发明,他们以此控制局面或摆脱同样的威胁。在这种情况下,根据神秘形式主义的逻辑,表面合理的程序变成了盲目的戒律:考试前发疯般的复习往往只是赎罪的仪式;写完后便不再看的笔记只是一种精神安慰的技术,而不是合理的积累。"写完之后就腻了,不再看笔记,当然那些字也无法看清。"(巴黎文学院大学生,22岁,高级职员的女儿)把自己答的试卷放在一个公认的笨学生的后面,或者在有利的时候走到教师跟前,都作为保险的秘方而互相传授。可能只有在受大自然偶然性摆布的传统农民当中,或者在赌博场上才能见到的迷信,盛行于大学生活中的危机时刻:通过一些占卜仪式试图预测题目或分数,赎罪式的还愿或到教堂请求宽恕,考试当天随身携带护身符式的吉祥物,这些都是企图增加自己机会的常见方式。在大学城普瓦提埃的教堂里,人们可以看到,"圣母玛利亚,感谢您对我考试的祝福","一个小时后我就要考试了,圣母玛利亚,为我祝福吧",这一类的话刻在大理石上,或写在其他还愿物上。除去上面这些企图通过非常的宗教仪式控制偶然性的人以外,还有一些人相信魔法重现的原则,忠实于成功时的举动或成功时携带的物品,比如上次考试穿的衣服、系的领带等。恰到好处地"猜题"的技术,在考试的故事中占有特殊重要的地位。这是因为,它成为学校神力(mana)的最辉煌体现。它的成功证明,牢靠的天资的作用是如此之大,无须期望从劳动中有所收获。

大学生与他的未来保持着一种矛盾的关系,他可以把对合理手段的明显轻视和对窍门及秘诀的不光彩认同结合起来。合理手段可以控制前途,而神秘性多于技术性的窍门和秘诀则可以使大学生消除其中的威胁。

于是,符合合理性的大学师生行为的模式便与他们的实际行为有了很大的差距。大学师生可能都有一种暗含的意愿:既保护现行制度为他们谋得的那些被掩盖着的特权,同时又享受相反的制度赋予他们的那些明显的特权。后一种制度作为对立面,与现行制度互不相容。教师可以抱怨学生懒惰,而不顾这正是一种不对称的教学关系所赋予他们的安全感造成的恶果。同样,一些学生也可以把他们的惰性只归咎于教师的独断专行,而看不到这是阶梯教室里互不相识的环境所给予他们的各种保护和自由的交换物。教师和学生甚至可以在对教学合理化的障碍的激烈揭露中相遇。由于不能理解这样一种制度,他们不愿意也不可能看到,制度所赋予他们的、同时或交替地发生着的、充满矛盾的满足,必须与他们所抱怨的缺陷连在一起。

由此可见,全面评估现行制度的代价,既非美差,也不是易事。无疑,要使教学手段的选择服从于一个唯一目的——培养专家(尽管是广义的专家),这种制度的纯粹模式从来都只是乌托邦。可是,实在的教育制度是根据它所为之服务的社会的价值观创造价值,总被赋予多种无法类比的功能,使人如果不接受一个社会的价值观,或者更确切地说,不接受组成这个社会的各个集团在他们对文化的表象中所推崇的最终价值观，就无法让这种或那种功能占据优势。不过，真正把这种或那种目的放在首位，比如，使受到良好文化教养的精英永存或为更多的人的职业使命进行多样化的准备，这都不是无足轻重的。"合理的"教育的理想典型是一种抽象的虚构，是片面地、以走入无法实现的极端为代价，强调一种可以全面体现并实现智力学艺的技术条件的系统性决定的结果。它通过对照使人看到，一种教育制度所能服务的不同目的，与不同集团以明确或不明确的方式为教育规定的目的距离不等，因此符合这些集团利益的程度也不尽相同。

在这里，尤其有必要区分一种教育制度的功能和它实现这些功能的手段：因此，最传统的价值观与教师的教学传统之间在实际中产生的联系使人忘记，合理手段可以服务的目的，离对严格确定的职业任务的初步学习所包含的目的最远。传递文化价值观的艺术的合理化，比如在文学或艺术教学中，并不比马克斯·韦伯所说的宗教生活的合理化更不可理解。总而言之，尽管人们可以讨论最好的教育目的，以便为处于最不利地位阶级的利益服务，但在当前的制度及左右其方向的目的面前，无论如何都要使教学手段和制度的合理化永远立即符合处于最不利地位的大学生的利益。

结 论

102　　先生们,请记住让·克里索斯通①这个美好的故事吧。他讲的是雄辩术教师利巴努斯②在安迪奥士③办的学校。当有新生入学时,利巴努斯总是习惯地询问他关于过去、父母和故乡的情况。

勒南④:

《智力与道德改革》

---

① 让·克里索斯通(Jean Chrysostome),古希腊人物。——译者
② 利巴努斯(Libanius),古希腊人物。——译者
③ 安迪奥士(Antioche),在土耳其境内,现称安塔基亚。——译者
④ 勒南(Renan,1823—1892),法国19世纪著名作家。——译者

对社会不平等的不认识，导致了以天生的即天资方面的不同来解释所有的不平等，特别是学习成绩方面的不平等。① 在一种制度的逻辑里，存在着类似的态度。这一制度的基础和运转条件是所有受教育者的表面平等，它除个人天资以外不能承认其他的不平等。无论在纯粹意义的教学中还是在选拔人才的时候，教师只认识具有平等权利和义务的受教育者：如果他在学年当中为某些人调整自己的教学，那他考虑的是"天资欠佳者"，而不是因社会出身而处于更不利地位的人。同样，如果他在考试的时候注意到某个考生的社会处境，那他不是把这个考生看成了一个处于不利地位的社会属类的成员。恰恰相反，他所给予他的只是一种社会状况所应得到的特殊关注。如果大学生的文化修养和他们的社会出身的关系表现为他们具有明显的缺陷，那么利用口头驱魔法就可以回避这个问题。以无可奈何的语气抱怨"大学生不读书了"或"水平一年比一年低"，实际上就是回避追究其中的原因和在教学方面得出结论。

---

① 我们强调天资不同的提法在某些条件下所具有的思想功能，并非不承认人能力的天生差异，也没有理由不承认遗传学的偶然性可能把这些不同的天资在不同的社会阶级之间进行不同的分配。但是，这一原则是抽象的，社会学研究应当怀疑并逐步揭露以天资差异为外衣的受社会条件制约的文化方面的不平等。因为，从"本性"中可以归结出令人绝望的原因。因此，永远不要相信一个给定社会环境中人与人之间的不平等是天生的。只要没有深入研究不平等的社会因素发挥作用的所有途径，没有尽量以各种教育手段克服这些社会因素的影响，与其多相信一点，不如多怀疑一点。

人们知道，这一制度是通过竞争性考试来实现的。考试完全保证考生的表面平等，却以不具姓名的方式根本不考虑他们在文化面前的实际不平等。教师会考的辩护士可以合理地论证，这种考试与建立在地位和出身基础上的选拔制度相反，给每个人以同等的机会。这样，就是忘记了考试所保证的表面平等只是把特权转化成了成绩，因为它使社会出身继续发挥作用，只是途径更加秘密而已。

　　但是，能不能是另外一种样子呢？除去其他职能以外，教育制度应当生产出经过筛选的和分成等级的人，此种加工一次完成而且终身有效。根据这个逻辑，希望考虑社会方面的特权或不利因素，主张按照个人的实际成就，即克服了多少障碍来排列名次，并且沿着这条路走到底，即直到堕入荒谬，就会导致支持分级竞争（像拳击那样）；或者像康德伦理学那样评价成就，测量出发点与到达点之间，即社会条件形成的能力与按学校标准测量的成绩之间的代数差，也就是有退让条件的相对分类。和康德因行动表现出不同程度的"气质"而对两种本身对等的行动做出不同的评价一样，这里考虑的也应该是社会条件决定的能力而不是自然倾向，不去检查按时取得的学习成绩，而是检查这一成绩与不同的出发点距离远近。不看一点，而看曲线的斜率。① 根据这一逻辑，对出身处于不利地位阶级的人的劣势的估计和按照克服困难的大小对取得的成绩的评价——如果这样做是可能的话，会使人认定创造出

---

① 如果人们在反对天资论时遇到了康德伦理学的逻辑，即他以此反对主张天生德行——出身好的人的领地——这一古典伦理学逻辑，这并非偶然。

不同成绩的人的成就相同，创造出相同成绩的人的成就不同，会削弱按学校标准排出的名次的意义，会使受到如此人为优待的处于不利地位的人从这种蛊惑人心的相对化中得到的好处变得一文不值。这样的假设并非完全空想。人民民主国家的教育改革，曾经提出过系统增加工农子弟进入高等学校的数量和提高他们考试成功率的目标。但是，只要不平等没有真正地被教学行动所铲除，平等化的努力就只能是表面的。波兰就是这样，在行政压力减弱后，一直上升的工农出身的大学生的比例从1957年起开始下降。①

如果说，社会障碍的因素对选择者和对被选择者来讲同样陌生，这可能是因为，为了生产出经过选择并可以选择的人才，大学应该得到，并且从而使人没有争议地赞同一种选择原则。竞争原则的引进可能使上述选择原则削弱，它要求游戏的参加者接受一种竞争的规则，其中只有学校的标准能起作用。大学似乎取得了成功，在法国尤为如此。因为激起学校里最持久、最有效的努力的，正是使自己在被视为绝对的大学名次中尽可能排在前面这一愿望。按学习成绩排列的名次具有的价值受到极大肯定，以至人们可以看到，一些人本身并非具有愿望和能力，却也投身于被学校高度评价的那些职业或考试。这就是教师会考和大学校，以及广义的具有重大魅力的抽象学习所以能产生吸引力的因素之一，这种吸引力往往无法用其他方法加以解释。可能是同一原则，使得法国大学教师，或者从更广泛的意义上讲法国知识分子，把最高的价值赋予了理论目的最明显的著作。这样，通过使地位最低的人

---

① 见附录II，表2.39。

找到自我辩解的理由或贬低他人的成就,便排除了使按学习成绩的排列只具有相对性这一种平行排列的想法(至少在大学教师眼中是这样)。

总之,尽管在其他事情都相同的情况下只凭学校标准衡量成绩的选择方法,使具有根本性区别的人参加共同的考试并接受共同的标准,有悖于真实的公正,但它还是符合这种制度的唯一方法。制度以生产经过选择并可以比较的人才为职能。不过,在这一制度的原则中,没有任何反对把对真实的不平等的考虑引入纯粹意义的教学的内容。

特权阶级借助可称之为能力神授论的思想(因为它推崇"恩泽"或者"天资"),使它们的文化特权合法化,这些特权使社会性继承转化为个人的恩泽或功绩。经过如此伪装的"阶级种族主义"可以招摇过市而永不显出原形。下层阶级越是不为学习的成功树立一种相反的形象,越是接受上层阶级的本质主义并把自己的不利处境视为个人的命运,这种炼金术就越能成功。人们是不是一致承认早熟当中有天资过人的因素呢?人们满怀惊讶地称赞通过高中毕业会考的 15 岁孩子为"最年轻的会考教师"或"法国最年轻的综合技术学校学生"。这件事本身并不足为奇,但却在伦理方面具有影响。体面的大学课程(*cursus honorum*)的无数个阶段,可以在某些人身上实现永远早熟的奇迹,因为人们还可以被称为最年轻的科学院院士。甚至在处于最不利地位的阶级里——那里不管是手工业技术还是生意经,传统上都十分强调技能的社会性继承,人们有时候也能发现能力神授论最为自相矛盾的表现:在不能取得成功的情况下,往往以终止学业为由来保护个人天资的潜在性。

这里根据的,正是上层阶级使用的同一种逻辑,他们可以证明自己在成功中被现实化了的天资。

大学生作为青年和学徒,总是在探究自己是什么,并且由此而在内心深处关注他们所做的事,这使他们更容易受到本质主义的伤害。至于教师,他们是学习成功的化身,具有不断判断他人能力的职责。他们把通过不同程度的劳动从别人那里学到的能力和获得能力的能力看作个人的天资,这关系到他们的职业道德和职业精神。他们越是从教育制度中找到办法,使自己不去回头审视自身,从而怀疑自己作为个人和有文化教养阶级一员的存在,就越是如此。教师往往出身于中产阶级或教师家庭,他们只有以知识阶级一员的身份部分占有资产阶级特权的时候,才更热衷于精美的能力神授论,为文化特权的武断性辩护。教师会考之所以有如此好斗的辩护士,可能因为它是这样的特权之一:它们能以仅与个人成绩有关并受到尽可能民主的(表面化的)程序保证的面目出现。

因此,尽管大学和大学成功所暗含的这种理论与康德的成功伦理背道而驰,也没有什么东西可以驳斥它:全部的价值体现在超常儿童身上,学习过程的短暂证明了天资的雄厚。使按学习成绩排列的名次相对化的计划一出现,就不无矛盾地把贬低努力作为自己的武器:"死用功""走极端"等带有贬义的绰号都与能力神授论有关,它把工作和上帝的恩典对立起来,只是为了以后者的名义贬低前者。

这样,人们就进一步理解了,对社会方面的差异和以此为基础的学校里的不平等的简单描述,为什么不是简单地例行公事,而是由此对现行制度所遵循的原则提出了疑问。教育系统的主要用户是特权阶级。揭掉文化特权的面纱,就驳斥了这些阶级以成功论个人天资时所使用的辩护理论。天资论的主要基础是看不见教育和文化面前的社会不平等。对大学学习的成功和社会出身之间关系的简单描述具有危险性,因为所有这一切都使大学生根据能力神授论判断自己的成绩。下层阶级出身的大学生,把他们的所做视为他们的存在的简单产品,而根据只有助于预卜实现的预卜逻辑对自己社会命运的预感,只能增加失败的机会。因此,隐藏在能力神授论中的本质主义使社会决定论的作用成倍增加:因为学校中的失败不被视为与一定的社会环境有关,比如家庭环境中的智育氛围、家庭所用语言的结构或家庭所支持的对学校和文化的态度等,所以它自然应该归咎于天资的缺乏。实际上,出身于下层阶级的儿童正是这些本质定义所选定的和批准的牺牲品,而那些笨拙的教师(人们看到,他们不会对自己的判断进行社会学的相对化)就把人封锁在这些定义之中。当一个学生的母亲说,而且往往是当着学生的面说,"他法文不好"的时候,她在三个方面成为不良影响的同谋:首先,她不知道儿子的学习成绩直接与家庭的文化氛围有关,把只是一种教育产品的东西,而且还是可以通过教育行动至少加以部分纠正的东西,变成了一个人的命运;其次,她缺乏有关学校事物的信息,有时不知用什么来反对教师的权威,从一个简单的学习成绩中得出了过早的和最后的结论;第三,她同意这种判断,从而使儿童加重了天生如此的感觉。这样,学校的具有合法化作用的权威可以加重社会方面的不平等。因为,处于最不利地位的阶级对自己的命运过于觉悟,对于实现命运的途径又过于不觉悟,从而促进了自己命运的实现。

由于对学校面前不平等的认识总是局部的和不完全的,所以它有时候导致了大学生提出一些弥漫的要求,而后者只是决疑论的倒影。在考试的时候,教师根据决疑论,把寄宿学校教师、战争孤儿或者还有脊髓灰质炎患者三方面的处境同时引入他们的评价。在这里,对制度的损害为制度的原则服务,悲惨主义正适合家长作风。由于在初学过程中(即在人们还可以是点什么的时候)并不知道社会方面的障碍,所以人们并不反感在考试的时候(但仅以"个案"的形式)发现他们,因为人要求自己的没有其他东西,只有宽厚。所以,无论是学生还是教师,首要的欲望就是把社会方面的障碍作为托词或辩白的理由,即作为放弃对教育系统提出正式要求的充分理由来援引。民众主义的幻想可以导致要求把处于最不利地位的阶级带来的各种平行文化升华为学校所传播的文化。这是同一种权利放弃的另一形式,它更为危险,因为它有符合逻辑的外表为武器,为自己戴有社会学相对主义的面纱。但是,认识到学校文化是一种阶级文化还不够,通过一切努力使它保持原状和把它看作历来如此没有什么两样。

　　毋庸置疑,诸如说话技巧、写字技巧等学校要求的能力和这些能力的多样性,决定着并将永远决定学者文化。但是,只有当文学教师把语言和修辞的精湛技艺看成一种美好的能力,即可以通过锻炼得到的能力,并且竭力为每个人提供得到这一能力的条件的时候,他才有权期望这一能力的形成。这不无道理。在他看来,这一能力和他传授的文化的内容本身联系在一起。

　　根据目前的社会情况和教学传统,学校所要求的思维技术和习惯的传递首先在家庭环境中进行。因此,所有真正的民主化都要求:在处于最不利地位的人能掌握这些技术和能力的地方——学校——传递它们;扩大可以循序渐进地、合理地、利用技术学到的东西的范围,减少必须留给个人才能偶然性的,即实际上留给社会特权的东西;以系统学艺的形式实现能力神授论所推崇的全部不可破坏的天才。今天,出身于处在最不利地位的阶级的大学生对教学的兴趣,只是通过一些半自觉、不自觉或羞惭的行为才表现出来,那就是要求教师"道破天机"。他们不要求教师导演一场典范的和无法仿效的壮举,这能使人(在忘记它的同时)忘记优雅只是艰苦劳动的收获或社会遗产;也不要求教师在教学中一年到头总是传授那些一成不变的秘方。后者有狭隘的功利主义目的(如著名的作文秘诀)或者必须可笑地同时加以权威性说明才有效,它因此而贬值。此种恶意把技术的传递变成了祈祷职业方面的能力神授论取得成功的仪式。很容易举出其他例证,如既吓人又迷人的参考书目,阅读、写作和研究方面无足轻重的规劝,或者还有只能面对表面和假设相同的学生,从而有可能集中教学中所有借口的大课。但是,合理的教学方法是要发明的,决不能与现在人们所认识的那些方法相混淆。后者只有心理学基础,实际上在为一个不知道也不愿知道社会方面差异的系统服务。这种教学方法表面上增加了教学(形式上的)合理性,可以使真正的不平等以比过去更充分的理由产生比过去更大的影响。因此,如果把这种方法称为科学的教学法,就与我们的思想是南其辕而北其辙了。一种真具合理性的教学法,应该以对教育的不同形式(大课、小课、研讨会、小组工作)的相对成本和教师各种教学活动(从最简单的技术性建议直到实际指导学生的论文)的分析为基础。它应该考虑教学的内容或培训的职业目的以及各种类型的教学关系，不应该忘记与学生社会出身有关的不同教学关系的不同效益。总之，这种教学方法，必须以对受社会因素制约的文化方面的不平等的认识和减少这一不平等的决心为前提。

比如，一些教师丝毫不注意增加这种既无魅力又不吸引人的艰苦劳动，一些学生可能把这看作他们已经受到的控制的加强。在教师所有的职能中，上面那些教师和学生最常忘记的，就是把不断地组织练习作为尽全尽快地掌握脑力劳动的物质和精神技术的活动。教师和学生成为心照不宣的同谋，他们经常一起极力贬低人们有权要求教育者和受教育者完成的任务。如果教师想在学生中树立他想得到的形象，被看作思想的导师而不是教书匠或书呆子，被看作高质量受教育者的高质量教师，那他就必须付出代价，承认学生的自由，在一年里假装把大学生看作是自由的，或更好是自主的劳动者，即能够对自己施加约束，组织自己的工作，循序渐进和持之以恒的人。要求上课必须出勤和按时交作业，就会同时破坏教师和学生对对方的看法和想赋予对方的形象。

大学生不能不感到各种学习的限制（如有规律的工作或训练中的纪律），所以他们使两种愿望交替出现，一个是约束更严，一个是"重新调整"大学生生活。他们赋予后者的理想的和具有吸引力的形象是，排除了各种控制和纪律的、自由而典雅的工作。另外，人们在教师的愿望当中，也能发现同样的交替性和两重性。所以，那些在一年中都大力推崇成绩和技巧的教师，以与他们在教学中所提倡的完全不同的标准评价学生作业的情况并非罕见。这证明他们不会用同一个标准来衡量自己的和大学生的工作。更为普遍的情况是,由于缺乏对原则的有条理的解释,也不注意考试学的研究,教师的评价就以个人的标准为根据,因人而异,而且像"伊斯兰教判案"那样,直接与每一个具体情况相关。人们懂得,大学生们共同处于一种辨别占卜和理解神意的境地,犯错误的机会很多。人们看到,要想使考试合理化并由此使人们对考试的态度合理化,并不需要专门考虑考生在社会方面的障碍。考试是不合理性所特有的庇护所。事实上,有文化教养的阶级出身的大学生,在适应一个要求混乱且不明确的制度方面受到了最好的(或者说最不坏的)准备,因为他们暗中持有满足这些要求的手段。比如,由于学校文化和有教养阶级的文化之间有一种亲缘关系,出身于这一阶级的大学生在口试这种个人的接触中,就可以表现出这些无法测量的优点。后者不需教师察觉,便能影响他的评价。对社会出身的自觉的或明确的察觉越是产生令人气愤的后果,阶级的"细微感觉"就越有潜伏的可能。

因此,无论是解释教育者和受教育者之间的相互约束,还是组织更成功的学业以使出身于最不利地位阶级的大学生克服他们的不利,真正合理性方面的每个进步都是公道方面的进步:下层阶级出身的大学生首先受到传统的和能力神授论残余的危害,比别人更期望从教学中要求一切和得到一切,他们可能从赋予所有人构成文化特权现实的一整套社会"馈赠"的努力中首先得到益处。

如果人们同意,真正民主的教育,是以使尽可能多的人,在尽可能短的时间里,尽可能全面和完整地,掌握尽可能多的形成某一特定时刻学校文化的能力为无条件目的的教育,人们就会发现,这一教育既反对以培养和选择出身优越的精英为方向的传统教育,也反对面向按一定规格批量生产专家的技术统治论的教育。但是,以教育的真正民主化为目的还不够。如果缺乏合理的教学方法,不能调动一切积极因素,从幼儿园到大学,逐步地并始终如一地克服文化不平等的社会因素的影响,给每个人以同样的受教育机会的政治愿望即使具备了各种制度的和经济的条件,也只能以实现真正的不民主而告终。换言之,一种真正具有合理性的教学方法,即以文化不平等社会学为基础的方法,则可有助于减少在教育和文化面前的不平等。不过,只有具备了以真正民主的方式招收教师和学生的全部条件,首先建立起一种合理的教学方法,这种教学方法才能真正付诸实施。

1964年9月

附 录 I

法国的大学生
——1960—1963 年统计数据[①]

---

① 本资料根据国家统计与经济研究所和大学统计局的数据,在欧洲社会学中心编制完成。

表 1.1 各大学学生人数的变化

大学 年度	马赛	贝藏松	波尔多	冈	克莱蒙	第戎	格勒诺布尔	里尔	里昂	蒙彼利埃	南锡	巴黎	普瓦提埃	雷恩	斯特拉斯堡	图卢兹	总计
1900—1901…	950	252	2119	803	299	669	566	1209	2458	1610	1027	12381	1028	1609	—	2040	29020
1910—1911…	1264	239	2620	794	278	1043	1272	1893	3091	2028	1886	17326	1314	1995	—	2864	39907
1915—1916…	482	80	948	291	135	240	587	64	881	654	356	5522	428	651	—	825	12144
1920—1921…	1596	266	2640	1055	467	744	2737	1475	3409	2615	2002	21232	1238	1946	—	2680	48517
1925—1926…	1971	458	3000	1180	621	1015	2931	2420	3575	2428	2554	25123	1578	1929	2889	3171	56843
1930—1931…	2988	571	4254	1828	1077	1397	3197	3748	4965	3810	4287	31886	2107	2850	3255	4370	76590
1935—1936…	3169	451	3932	1317	1025	1047	2180	3221	4998	3126	3105	32577	1969	2647	2760	4016	71250
1940—1941…	5550	388	3657	1832	2014	864	3560	2475	6695	4900	1158	23352	2626	4207	2543	6894	72715
1945—1946…	5496	745	6242	2624	2007	1172	3954	6225	6958	5091	3894	53427	3118	5032	4520	7665	118170
1950—1951…	7556	933	8147	3083	2108	1820	4199	6382	7865	5685	4602	58958	4127	6343	5069	7531	134408
1955—1956…	9679	1157	9511	3826	2758	2426	4685	7406	9258	7054	5231	64151	4546	7161	5343	8054	15224
1960—1961①	15486	2217	12267	6357	4731	3706	10007	11503	13315	10509	8294	77796	6843	11092	8479	12070	214672
1961—1962…	19020	2889	13805	7395	5556	4578	10471	13101	15351	13361	8682	81617	6310	9253	11686	14592	244814③
1962—1963②	22160	3361	16440	8478	6028	5254	12951	14612	17230	15802	9830	90354	7412	9323	12444	16752	276848③
1963年为 1901年的 倍数	23	13	8	11	20	8	23	12	7	10	9	7	7	6	—	8	9

① 从1960—1961年度起,数字包括大学的所有学生,即在学院注册的和没有注册的,故该数字略高于有关官方统计。
② 1962—1963年度为临时数字,来自附属于此处提到的大学和学院的全部机构。
③ 1961—1962年度和1962—1963年度,包括南特、奥尔良和兰斯-奥尔良的大学生数,这两个年度以三所大学的学生数分别为7147和8417。

表1.2 巴黎和外省女大学生数量的变化

学年	巴黎			外省			全国		
	总计	女生	女生占%	总计	女生	女生占%	总计	女生	女生占%
1905—1906	14734	1231	8.3	18582	657	3.5	33316	1988	9.6
1910—1911	17326	2121	12.2	23864	1833	7.7	41190	3954	14.7
1915—1916	5522	1447	26.2	7044	1761	25.0	12566	3208	25.8
1920—1921	21232	3200	15.1	28195	4100	14.5	49727	7300	6.0
1925—1926	25123	5445	21.7	33119	6787	20.5	58242	12232	25.5
1930—1931	31886	8487	26.6	46438	11701	25.2	78324	20188	21
1935—1936	32577	9251	28.4	41201	11030	26.8	73778	20281	27.5
1940—1941	23352	9020	38.6	49963	15811	32	72715	24831	34.1
1945—1946	53427	18357	34.3	67488	20268	31.4	117915	38625	32.7
1950—1951	58958	20227	35.3	75135	25384	33.8	134093	43611	34
1955—1956	64151	23638	36.8	88095	31752	36.5	152246	55390	36.4
1960—1961	72449	31028	42.8	130926	52540	40.1	203375	83568	41.1
1961—1962	76707	32882	42.9	155903	63932	41	232610	96814	41.6

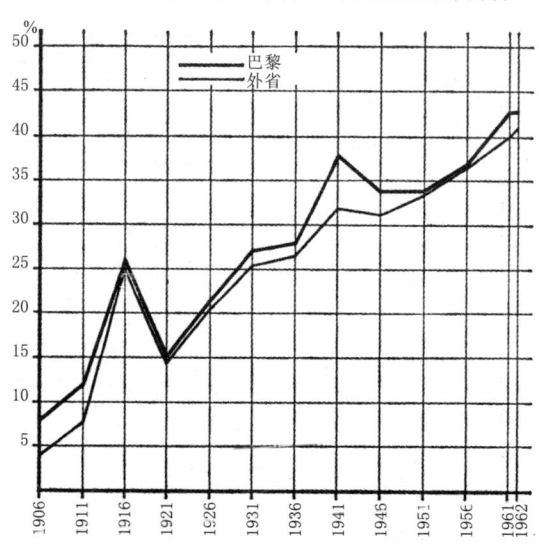

1906—1962年巴黎和外省女大学生数量的发展

1906年,女大学生占大学生总数的6%,1962年提高到41.6%。除去两次世界大战造成的高峰外,这一发展是均衡的。

1906年,巴黎女大学生的比例是外省的两倍多,但这一差距从1916年起变得微不足道。此后,除少数年份不够规律外——其中最重要者与1939—1945年的战争有关,巴黎大学女性化的速度与外省大致相同。二者之间有微弱的差距,巴黎大学的速度稍快(在整个发展过程中一直如此),这可以说明对放弃传统模式的阻力在外省要大些。这一现象在女生进入大学的初期,即1911年以前更为明显。1962年,女大学生在全部大学生中占的比例,巴黎为43%,外省为41%。

与巴黎大学生数量增加(设备基本未变)给人的印象相反,

表 1.3 各专业大学生数据的变化

年度	法学 总数	法学 女生	理学 总数	理学 女生	文学 总数	文学 女生	医学 总数	医学 女生	药学 总数	药学 女生	总计 总数	总计 女生
1900—1901…	10152	16	3910	98	3723	243	8627	508	3347	77	29759	942
1905—1906…	14312	86	5592	305	4893	1088	6545	454	1974	55	33316	1988
1910—1911…	17292	150	6096	453	6237	2149	9933	1148	1632	54	41190	3954
1915—1916…	3503	130	2727	735	2417	1412	3263	765	656	166	12566	3208
1920—1921…	17376	861	10918	1326	7892	3182	11366	1417	2197	511	49727	7297
1925—1926…	17415	1507	12596	1638	12244	5750	12286	2158	3701	1179	58242	12232
1930—1931…	20871	2576	15495	3110	18386	9106	18086	3387	5486	2009	78324	20188
1935—1936…	21568	3131	11329	2578	17221	8247	17699	3829	5654	2490	73471	20275
1940—1941*…	21541	4385	15158	4308	19702	10650	13691	3230	6293	3324	76385	25897
1945—1946…	40553	9318	21947	5853	27778	15021	19586	4172	8051	4261	117915	38625
1950—1951…	36888	9669	26156	6489	35156	19232	29083	6508	6810	3713	134093	45611
1955—1956…	35486	10113	38290	10525	41785	23877	29091	6660	7594	4199	152246	55374
1960—1961…	33634	9792	68062	21928	63395	38962	30587	7724	8697	5162	203375	83568
1961—1962…	38469	11275	75282	24196	73376	46490	36203	9289	9300	5564	232610	96814
1962—1963…	45511	12939	88175	**	85063	**	37633	10194	10174	6081	266556	**

* 到1940—1941年度,统计中均包括阿尔及尔大学。
** 数据缺。

1900—1955年,巴黎大学生在全国大学生中占的比例变化很小:1900—1901年为42.7%,1950—1951年(战争和被占领造成的大幅度下降除外)为43.9%。然后,从1955—1956年到1962—1963年,便有规律地从占42.1%下降到32.5%(1957—1958年为39.2%,1958—1959年为37.9%,1959—1960年为35.9%,1960—1961年为35.6%,1961—1962年为33.0%)。

1900—1901年,大学生总数为29759,1962—1963年为266556,是1900—1901年的9倍。但是,各专业的增长速度不一。药学院学生1901年为3347名,1962—1963年为10174名,是1901年的3倍;在同一时间里,法学院学生由10152名增加到45511名,是原来的4倍,医学院亦如是(37633比8627)。但是,法学专业学生数量的变化不如医学专业规律。除个别时间不够规律外,理科和文科专业学生数量平行发展。从1901年到1963年,理科专业学生从3910名增加到88175名,文科专业学生从3723名增加到85063名,都是23倍。从1956年开始,两条曲线甚至呈重合趋势。如果法学和医学专业曲线的脱离可以很容易地用出路发展不快来解释的话,文科专业继续以理科专业同样的速度发展的事实,可以部分地归结为文化惯性的作用。

从1945年开始,各专业相互接近且比较稳定的学生数量(尤其是1921—1941年之间)开始全面地、不平衡地增加。1946年以后,大学生数量的增长率一直上升,现在是当时的3倍。正如雷蒙·阿隆指出的那样,[1]在整个西欧,社会上教育要求的增加要比

---

[1] 雷蒙·阿隆(Raymond Aron):《论法国大学的几个问题》(Sur quelques problèmes des universités françaises),《欧洲社会学档案》(*Archives européennes de sociologie*)第1期,1962年。

经济的增长早几年,后者对生活水平的影响在1950年以后才能发现(见下图)。

各专业大学生数量的发展

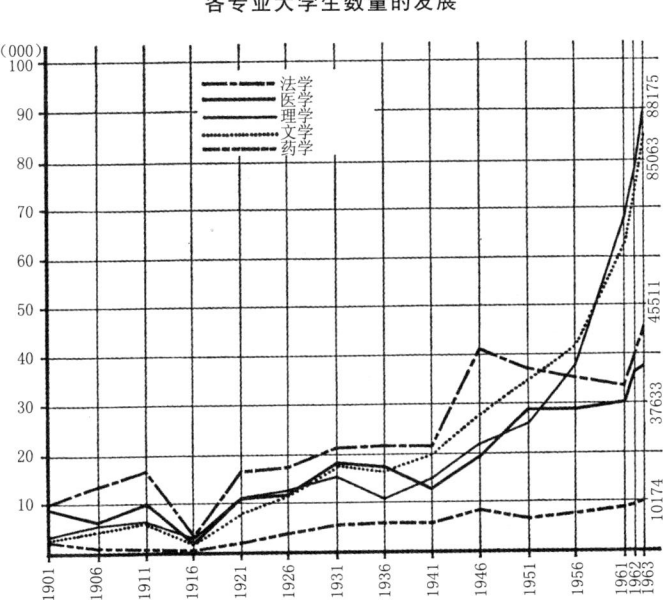

表 1.4 各专业大学生分布的变化(相对值)

年度	每百名大学生中的专业分布					总计
	法学	理学	文学	医学	药学	
1900—1901……	33.9	13.2	12.6	28.9	11.4	100
1905—1906……	42.9	16.8	14.7	19.6	6	100
1910—1911……	41.8	14.8	15.2	24.1	4.1	100
1915—1916……	27.9	21.7	19.2	26	5.2	100
1920—1921……	34.9	21.9	15.9	22.8	4.5	100
1925—1926……	29.9	21.6	21	21.1	6.4	100
1930—1931……	26.6	19.8	23.5	23.1	7	100
1935—1936……	29.4	15.4	23.4	24.1	7.7	100
1940—1941……	28.2	19.9	25.8	17.9	8.2	100

续表

1945—1946……	34.4	18.6	23.6	16.6	6.8	100
1950—1951……	27.5	19.5	26.2	21.7	5.1	100
1955—1956……	23.3	25.2	27.5	19.2	5.0	100
1960—1961……	16.5	33.5	30.7	15	4.3	100
1961—1962……	16.5	32.4	31.5	15.6	4.0	100
1962—1963……	17.1	33.1	31.9	14.1	3.8	100

对各专业学生数量在大学生总数中相对比例的考察，表示出绝对数字（各专业学生数量的增加）所无法清晰体现的情况。文学院和理学院的学生今天占大学生总数的65%，而本世纪初仅为1/4。在同一时间内，法学院和医学院沿相反方向对称发展，药学院略有降低（见下图）。

各专业大学生分布的变化

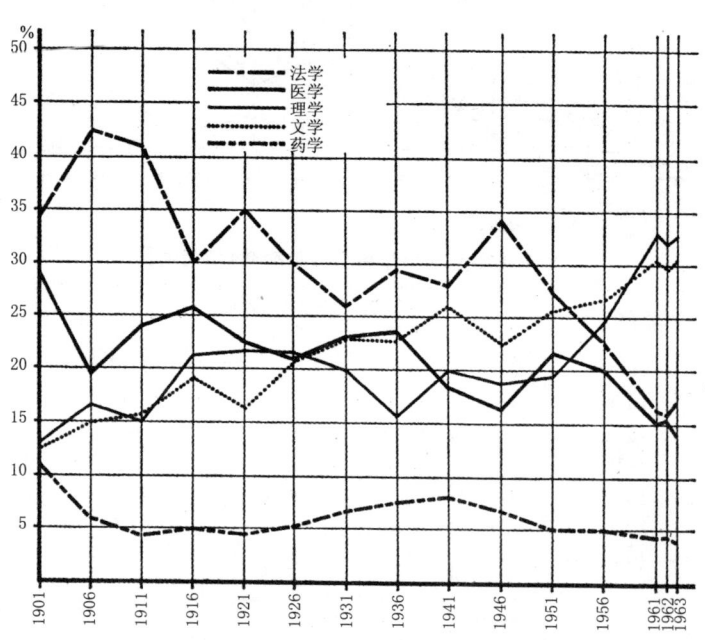

附录 I 法国的大学生——1960—1963 年统计数据　111

除短时间内的起伏之外,人们还可以看到在半个世纪当中,大学生界的结构像下图表示的那样,发生了根本性变化。

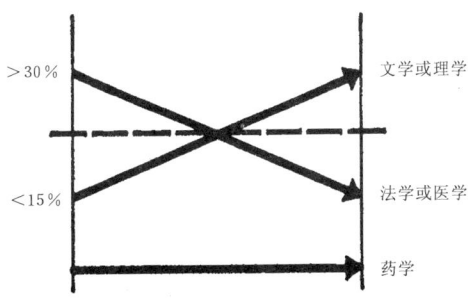

表 1.5　各专业女大学生比例(%)的变化

年度	法学	理学	文学	医学	药学	平均
1900—1901……	0.1	2.5	6.5	5.9	2.3	3.2
1905—1906……	0.6	5.4	22.2	6.9	2.8	6.0
1910—1911……	0.9	7.4	34.4	11.5	3.3	9.6
1915—1916……	3.7	26.9	58.4	23.4	25.3	25.5
1920—1921……	4.9	12.1	40.3	12.5	23.2	14.7
1925—1926……	8.6	13.0	47.0	17.6	31.8	21.0
1930—1931……	12.3	20.0	49.5	18.7	36.6	25.8
1935—1936……	14.5	22.7	47.9	21.6	44.0	27.6
1940—1941……	20.3	28.4	54.0	23.6	52.8	33.9
1945—1946……	22.3	26.7	54.1	21.3	53.0	32.7
1950—1951……	26.2	24.8	54.7	22.4	54.5	34.0
1955—1956……	28.5	27.5	57.1	22.9	55.3	36.4
1960—1961……	29.1	32.2	62.4	25.2	59.3	41.1
1961—1962……	29.3	32.1	63.3	25.6	59.8	41.6

这些数字再现了一种真正的文化变动的过程。在半个世纪当

中,这一变动使女大学生的比例由 3% 增加到 41%。① 但是,各专业女大学生比例增加的幅度不同。

各专业女生增加的时间早晚不一,速度快慢不一,持续时间不一。女大学生首要的目标是文学院,那里女生的比例在 1911 年时已达 34%,而当时其他专业女生的比例还不到 15%;法学院有女生最晚,1931 年时女生比例仅为 12%;理学院女生的比例呈规律性增加的趋势,其幅度低于文学院或药学院,高于法学院和医学院。

各专业女大学生比例的变化

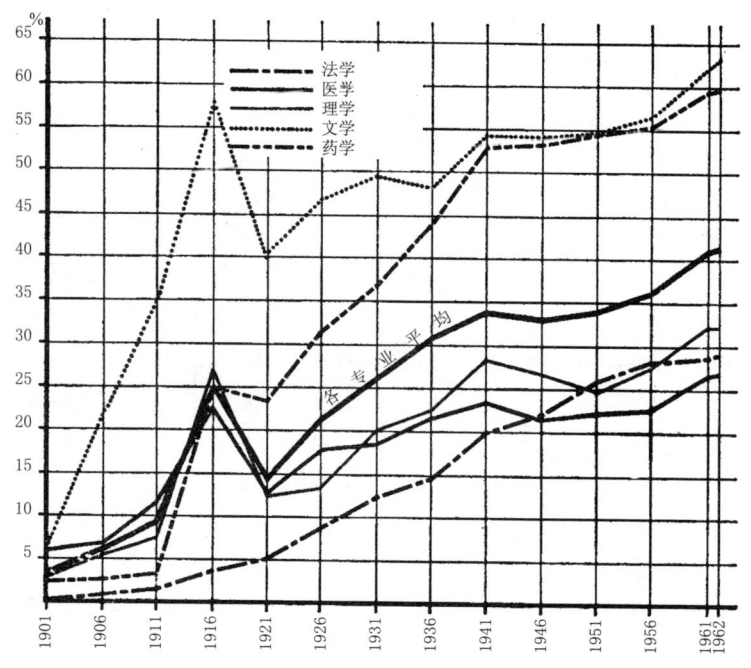

---

① 应当注意到,1914—1918 年的战争是女生比例增加的一次机会,各专业增加幅度不同。除药学专业外,这一增加随战争结束而停止。

医学和药学专业应另当别论。从1911年起，药学专业的女生比例迅速增加，1941年与文学专业的比例持平（都占该专业学生总数的一半）。现在女生比例最低的是医学专业。1901—1911年间，医学专业女生的比例高于理学、法学和药学专业，该比例提高的速度放慢是在那之后。

如果说女生比例的增加发生得有早有晚，速度有快有慢，时间有长有短，如果说早晚顺序和快慢顺序大体一致，①这可能是因为各专业的学业及其所准备的职业不同，它们与确立女性活动特点的模式和标准的关系使它们受到不同的评价。人们可以从两方面来考察每个专业，一个是文理科的差异，一个是它们各自准备的职业。文科因其所准备的职业——教师最适合妇女，也因为文科学业最符合女性"天生的"禀赋，从而集中了各种优势。

在传统上一直是资产阶级领地的各种职业中，只有药学专业女性化最突出。医学专业女生比例直到1911年均高于其他专业，之后不再领先。这一方面是一些出身于资产阶级的女大学生转移到了药学专业（医学专业和药学专业出身于资产阶级的大学生最多就是明证）；另一方面是医学专业比其他专业的阻力更大，这些合理的或伦理方面的阻力，使医学专业出身于其他社会阶级的女生少于其他专业。

---

① 如果以女生比例占20%为界（战争造成的特殊情况除外），人们就会发现，超过这一标准的先后时间顺序为文学院、药学院、理学院、医学院、法学院。这一顺序与女生比例增长率由大到小的排列基本相同：文学院和药学院、理学院、法学院和医学院。

114 继承人——大学生与文化

表 1.6 高等教育入学率的变化①

年度	法国人口(19—24岁)	大学生数(19—24岁)	入学率(%)	
1911	3707000	·25940	0.7	半个世纪
1936	3285000	·46488	1.4	
1946	3760000	·76810	2.0	
1954	3770462	92341	2.4	
1957	3650000	104330	2.8	
1958	3613144	118295	3.3	6年间
1959	3591047	126021	3.5	
1960	3509000	·126596	3.6	
1961	3409171	129535	3.8	
1962	3383600	·148699	4.4	
1963	3420700	·172611	5.0	

从1911年到1962年,高等教育的学生数量增加了5倍,入学率增加了6倍。② 目前,由于1945年(人口重新开始增加的年代)以后出生的年龄组尚未进入高等教育,③他们要从1964年起才能被纳入统计,所以学生人数的增加是入学率增加的唯一原因。

法国大学生的社会出身

我们使用了三套关于大学生社会出身的统计。它们有一些重

---

① 这是一个大致的估计,即19—24岁的大学生数量与同一年龄全体居民总数之比。1911、1936和1946年,没有不同年龄大学生的数据。1950—1962年,19—24岁的大学生占大学生总数的65%,我们就假设在此之前和1960及1963年(这两年大学生年龄分布情况的数据缺)他们也占相同比例。另外,这样计算出来的入学率稍有些偏低,因为没有把一些大学校和附属于学院或大学的机构考虑进去,也没有把属于这一类别但在中等教育机构里(如大学校预备班等。——译者)就学的人统计进去。

② 1911年,法国19—24岁年龄组的人数为3707000人,1963年3420700人,略有减少。

③ 17岁及以下的大学生不足高等教育学生总数的3%。

表1.7 法国大学生的社会出身
(各专业绝对人数，1961—1962学年)

社会—职业属类	法学			理学			文学			医学			药学			总计		
	男	女	总	男	女	总	男	女	总	男	女	总	男	女	总	男	女	总
农业工人	107	39	146	314	140	454	232	313	545	39	12	51	5	7	12	697	511	1208
农民	1234	608	1842	3112	1395	4507	1586	2229	3815	941	251	1192	162	273	435	7035	4756	11791
服务人员	183	77	260	581	230	811	231	331	562	136	67	203	9	9	18	1140	714	1854
工人	1125	540	1665	4353	1743	6096	1939	2765	4704	750	258	1008	63	125	188	8230	5431	13661
一般雇员	2216	1044	3260	4419	2079	6498	1414	2566	3980	1728	757	2485	176	270	446	9953	6716	16669
工商业老板	3904	1908	5812	8172	3787	11959	4233	8141	12364	3962	1469	5431	776	1193	1969	21037	16498	37535
其中工业家	965	458	1423	1245	537	1782	1102	2353	3454	871	442	1313	171	277	448	4354	4066	8420
中级职员	3926	1657	5583	7638	4257	11895	5053	10027	15080	3008	1151	4159	463	741	1204	20088	17833	37921
自由职业者和高级职员	6291	3041	9332	12290	7189	19479	4971	11420	16391	8042	3239	11281	1481	2410	3891	33075	27229	60374
无职者	2464	984	3448	3860	1681	5541	1641	2348	3989	1075	348	1423	164	204	368	9204	5565	14769
其他	2157	1017	3174	2383	1187	3570	1660	2364	4024	3701	1378	5079	114	136	250	10015	6082	16097
总计	23607	10915	34522	47122	23688	70810	22950	42504	65454	23382	8930	32312	3413	5368	8781	120474	91405	211879

表 1.8 法国大学生的社会出身各专业男女生所占比例(％) 1961—1962学年

社会一职业属类	法学 男	法学 女	法学 总	理学 男	理学 女	理学 总	文学 男	文学 女	文学 总	医学 男	医学 女	医学 总	药学 男	药学 女	药学 总	总计 男	总计 女	总计 总
农业工人	0.45	0.35	0.4	0.7	0.6	0.6	1.0	0.7	0.8	0.2	0.1	0.2	0.1	0.1	0.1	0.6	0.6	0.6
农民	5.2	5.6	5.3	6.6	5.9	6.3	6.9	5.2	5.9	4.0	2.8	3.7	4.8	5.1	5.0	5.8	5.2	5.6
服务人员	0.8	0.7	0.8	1.2	1	1.1	1.0	0.8	0.9	0.6	0.7	0.6	0.3	0.2	0.2	1.0	0.8	0.9
工人	4.8	4.9	4.8	9.2	7.3	8.6	8.4	6.5	7.2	3.2	2.9	3.1	1.8	2.35	2.2	6.8	5.9	6.4
一般雇员	9.4	9.5	9.4	9.4	8.8	9.1	6.2	6.0	6.0	7.4	8.5	7.7	5.2	5.0	5.0	8.3	7.3	7.9
工商业老板	16.5	17.5	16.8	17.3	16	16.9	18.4	19.2	18.9	16.9	16.5	16.8	22.7	22.25	22.5	17.4	18.0	17.7
其中工业家	4.1	4.2	4.1	2.6	2.3	2.5	4.8	5.5	5.3	3.7	4.9	4.1	5.0	5.2	5.1	3.6	4.4	4.0
中级职员	16.65	15.2	16.2	16.2	18	16.9	22.0	23.6	23.0	12.9	12.9	12.9	13.6	13.8	13.7	16.7	19.5	17.8
自由职业者和高级职员	26.65	27.85	27.1	26.1	30.3	27.6	21.7	26.9	25.1	34.3	36.3	34.9	43.4	44.9	44.2	27.5	29.9	28.5
无职者	10.4	9.1	10.0	8.2	7.1	7.8	7.2	5.5	6.1	4.6	3.9	4.4	4.8	3.8	4.2	7.6	6.1	7.0
其他	9.15	9.3	9.2	5.1	5.0	5.1	7.2	5.6	6.1	15.8	15.4	15.7	3.3	2.5	2.9	8.3	6.7	7.6
总计	100	100	100	100	100	100	100	100	100	100	100	100	100	100	100	100	100	100
大学生数	23607	10915	34522	47122	23688	70810	22950	42504	65454	23382	8930	32312	3413	5368	8781	120474	91405	211879

复,但对同一现象的不同研究方法对揭示在学校面前不平等的各种表现是必要的。

第一类统计(表1.7和1.8)描述了不同社会阶层出身的大学生在全体大学生中和每一个专业中的比例。人们常用这些数字说明法国社会不同阶层在高等教育中占有不同比例。人们看到,如果把占28.5%的高级职员或自由职业者子弟加上占4%的工业家子弟,我们所说的文化方面的特权集团在1962年占大学生总数的30%以上。

表1.9 各社会－职业属类每千名就业者中大学生数

社会－职业属类	大学生的分布（1961—1962）		就业居民数（1962年统计）		每千名就业者中大学生数
	人数	‰	人数	‰	
农业工人	1208	6	829600	43	1.4
农民	11791	56	3011600	157	3.9
服务人员	1834	9	1042020	54	1.7
工人	13661	64	7024040	367	1.9
一般雇员	16669	79	2416300	126	6.8
工商业老板:	37535	177	1996560	104	18
工业家	8420	40	78780	4	106.8
手工业者	1376	39	611000	32	13.7
商人	20739	98	1287340	66	16.1
渔业老板	—	—	19440	7	
中级职员	37921	178	1490500	78	25.4
自由职业者与高级职员:	60374	91	761040	40	79.3
自由职业者	20900	168	124340	6	168
教授	11464	285	126040	7	91
高级行政官员	28010	55	510660	27	55
无职者	14769	70			
其他	16097	76	592800	31	
总计	211879	1000	19164460	1000	11

但这些数字只使人对教育特权有一个很不完整的印象,在高等教育中占比例最小的社会属类在全国人口中占的比例最大。为了表示上大学的机会,人们常常使用同一个社会－职业属类出身的大学生数与该属类人数之比。尽管它对机会的估计只是粗略的(表1.9),我们还是把它列为第二类统计。它把工业家和自由职业者的子弟单独列出,说明他们接受高等教育的机会最多。

第三类统计在前面的文章中已经出现(第13页),旨在使人对入学机会有一个更准确的估计。人们将在后面看到有关方法论的说明。

学 习 机 会

第9页的表体现了两种概率。第一种为父亲从事某一职业的、某一性别的儿童一般情况下进入高等教育的目标概率,它可通过下面的公式得到:

$$\frac{\text{出身于某一社会－职业属类的第一次注册的大学生}}{\text{出身于同一社会－职业属类的同届人口}}$$

该表后面几行是某一社会属类的男大学生(或女大学生)第一次在大学注册某种专业的机会,这是一种假设进入高等教育后的条件概率,它由下面的公式表示:

$$\frac{\text{某一社会－职业属类出身的在某一专业第一次注册的大学生}}{\text{出身于同一社会属类的第一次在大学注册的大学生}}$$

为了避免使学制过长的专业(如医学)的比重不成比例(这样就会失去意义),在计算机会时,我们选择了各专业入学时的学生数。

方法论说明[1]

根据大学统计局提供的 1961—1962 学年的数字（家长为不同社会－职业属类的大学生在各专业的分布），人们可根据其父亲的职业，确定（可以说就在他出生那天）一个儿童一般情况下进入高等教育的目标概率。

除个别情况外，其成员中有人进入大学的各代人 1961 年的身份登记，可以给上面提出的问题一个回答。因为，可以从中发现儿童出生时他父亲的职业，并因此了解各社会－职业属类儿童的成活率。

一般说来，对自己职业的声明可能夹杂一些总是令人不便的不确切之处，尤其是总有人系统地采取迂回的办法，以求使职业名称更为动听，这就更为严重：国民教育部正在开展的研究表明，对于中学生关于他们家长职业的声明，人们应该表示最明确的保留。

在一个结构稳定，人们行为在时间当中也是稳定的社会中，下面得出的比例 A 具有所求的目标概率的意义：

$$A = \frac{\text{来自同届人口}^{[2]}\text{的新大学生数}}{\text{出身于某一社会－职业属类的儿童的同届人口}}$$

其结果与比例 B 不同。

$$B = \frac{\text{出身于某一社会－职业属类的新大学生数}}{\text{出身于该社会－职业属类的儿童的同届人口（年龄相同者）}}$$

---

[1] 国家统计与经济研究所所长 M. 达贝尔（Darbel）。
[2] 取其在人口统计方面的意义。

比例 B 参照的是在大学的注册,比例 A 参照的是出生的情况。

如果社会行为在时间当中是稳定的,那么关系到被涉及的人的比例似乎应该在 A 与 B 之间。

B1 是出身于社会-职业属类 K 者的比例。这样属类 K 的儿童在出生时的大学生数为:$N^1 Bk^1 + N^2 Bk^2 + \cdots\cdots + N^k Bk^{1k}$($N$ 为同届人口数),再用 M^k 去除(M 为同届人口出生时的数目),则

$$A^k = \frac{N^1}{M^k} B_k^1 + \cdots\cdots + \frac{N^k}{M^k} B_k^{1k}。$$

其中,$\frac{N^i}{N^k}$ 为 K 属类男子在可做父亲的年龄由 k 过渡到 i 的数学期望。

如果在这一年龄之后,社会属类不再发生变动,就可以得出:

$$\frac{M^k}{N^k} = 1 \text{ 和 } \frac{N^i}{N^k}(i \neq k) = 0$$

以及:

$$A^k = B_k^{1k} = B^k (或 A = B)。$$

这就是那些社会属类的大致情况,他们的高等教育入学率受以下条件制约:

- 具有一定遗产(工业家、商人),
- 具有一种大学学位(高级职员)。

与此相反,对那些进入高等教育不受限制的社会属类来说,情况就会不同,因而 $A \neq B$。由于这两个概念只能衡量大小,所以可以把它们视为相等。

实际上已知 B^k,人们至多能估算 $\frac{N^i}{M^k}$。总之,公式 A 在一般情

况下（n 方程中 n^2 为未知数）没有完全解。

B 表示的比例关系似乎比 A 的实际价值要高，可以确定我们所处时间的主观期望（即可由常识估算出的进入高等教育的概率）。

所以，只有 B 这种估算是可能的，但它又是不完全的：

第一，为了估算家长处于不同社会属类的 1941—1943 年每年出生的儿童的平均分布情况（1961—1962 年入学的大部分新大学生从他们当中产生），我们使用了下面的方法：

· 估算出每个社会属类的已婚育龄妇女数；

· 找出各社会属类的不同生育能力的指数，即不同生育能力指数修正的 50 岁以下男性居民的分布（其比例似乎不因社会属类不同而异，妻子年龄低于 45 岁）。换言之，就是计算 $H^{50} xf$ 的结果。

H^{50} 为 50 岁以下男性已婚居民的数量，

f 为每个家庭的平均子女数。

$\dfrac{Hf}{\sum Hf} \cdot M$ 即为出身于相应社会属类的同届儿童数量。

· 由于缺乏必要的数据，无法考虑不同的死亡率，无法用一个略低的比例代替 B，这会给差异分析带来略有失真的危险。要想计算更准确，似应使用下面的公式：

$$\dfrac{HfS_0^{19} M}{\sum Hf}$$

此处 S_0^{19} 为 19 岁居民的平均成活率。

第二，大学统计局提供的数据只能进行近似计算。因为：

- 给定的出身社会属类涉及所有大学生而不是新生,从而使他们当中学习时间最长者(如医学专业大学生)出现的次数相对较多。人们不得不假设第一次注册的大学生的社会出身分布与全体大学生相同。
- 只有全体大学生中男女生的分布。这里,人们又假设各专业内部男女生的分布与新生及全体大学生相同。这种假设距实际情况不远:据大学统计局的估计(1963—1964 年第一次注册的大学生的性别分布),一年级的女生略多于其他年级,但差别不大。
- "无职者"和"其他"这两个属类的比例比较大,造成了一定的困难。

附 录 II

几项调查结果[①]

[①] 本附录所用调查结果,选自布尔迪厄和 J.‐C.帕斯隆发表的《大学生及其学业》这一完整报告,穆东与 C°出版社。

在表 2.1—2.10 和表 2.21—2.38 中,每行内一个或两个最重要的趋势用黑体字标出。

124　继承人——大学生与文化

社会出身与大学生生活
（表 2.1—2.5）

表 2.1、2.2　经济来源

哲学专业大学生

经济来源 父亲的 社会-职业属类	助学金 %	家庭 支持 %	自己 打工 %	助学金+ 家庭支持 %	打工+ 家庭支持 %	总计 %	
农民、工人、一般雇员	27	14.5	21	21	16.5	100	(48)①
手工业者、商人	22	22	11	6	39	100	(18)
中级职员	12.5	37.5	12.5	15	22.5	100	(40)
高级职员、自由职业者	11.5	58	1.5	11	18		(71)
	(30)	(67)	(18)	(25)	(37)		(177)

社会学专业大学生

经济来源 父亲- 社会-职业属类	助学金 %	家庭 支持 %	自己 打工 %	助学金+ 家庭支持 %	打工+ 家庭支持 %	总计 %	
农民、工人、一般雇员	23	10	43.5	13.5	10	100	(30)
手工业者、商人	15	45	20	7.5	12.5	100	(40)
中级职员	15	39	22	15	9	100	(46)
高级职员、自由职业者	13.5	50	10	7	19.5	100	(98)
	(33)	(88)	(41)	(21)	(31)		(214)

人们在表 2.1 和 2.2 中看到，以助学金或者自己打工为经济来源的大学生的比例（与靠家庭支持的大学生相比）与社会出身有关，但这一关系在哲学专业的大学生中似乎比在社会学专业的大学生中更密切。

---

① 括号内为被调查人数，下同。——译者

表2.3 居住情况

哲学和社会学专业大学生

居住形式 父亲的社会-职业属类	在父母家 %	在学校 %	单独住 %	总计 %	
农民、工人、一般雇员	29.5	56	14.5	100	(95)
手工业者、商人	34	57	9	100	(65)
中级职员	35	53	12	100	(91)
高级职员、自由职业者	**50**	37	13	100	(189)
	(177)	(208)	(55)		(440)

住在父母家决定了日常生活和工作的一种特殊经历,学生的社会出身越高,这一情况越普遍。被更充分地接受的或更强烈地体会到的对家庭的依附,在住在家里的大学生身上引起了一些十分特殊的行为、态度和观点。

表2.4、2.5 课余打工情况

哲学专业大学生

打工情况 父母的社会-职业属类	打工%	不打工%	总计%
农民、工人、一般雇员	**36**	64	100
手工业者、商人	25	75	100
中级职员	25	75	100
高级职员、自由职业者	11	**89**	100

社会学专业大学生

打工情况 父母的社会-职业属类	打工%	不打工%	总计%
农民、工人、一般雇员	**53.5**	46.5	100
手工业者、商人	28	72	100

			续表
中级职员	24.5	**75.5**	100
高级职员、自由职业者	25.5	**74.5**	100

必须用课余时间打工的大学生比例,不管其所学专业如何,都随出身的升高而有规律地递减。但如果把哲学专业的大学生和社会学专业的大学生加以比较,又可以看出,不管社会出身如何,专业的"传统性"越强,课余打工的大学生的比例越低。

社会出身与在学校的行为及对学校的态度

(表 2.6—2.13)

表 2.6 学业的选择:高中毕业会考的分科①

(哲学与社会学专业的大学生)

父亲的社会-职业属类 \ 中学学业	同等学历 %	拉丁-希腊科 %	拉丁-语言科 %	拉丁-科学科 %	现代科或技术科 %	总计 %
农民、工人	6.8	20.5	16	4.2	**52**	100
一般雇员		20	33	6	41	100
手工业者、商人	1.5	12.5	**48.5**	7.8	29.5	100
中级职员		24	35	13	28	100
高级职员、自由职业者		**26**	41	**17**	17	100

---

① 下面表示的社会出身的影响可能值得讨论或者不合常情,因为调查对象数量有限,这些指数的准确性受它们与沿同一方向变化的公式的关系所影响。

表 2.7　选学多种专业①

社会学专业的大学生

选学情况 父亲的社会-职业属类	不选 %	选 %	总计 %
农民、工人、一般雇员、低级职员	**56**	44	100
手工业者、商人	45	55	100
中级职员	42	58	100
高级职员、自由职业者	32	**68**	100

像社会学这样的专业，可以作为补充列入许多专业的计划。它使人看到，学习中的"浅薄涉猎"主要是出身于上层阶级大学生的事。在社会学专业的大学生中，同一年内学习几类课程者的比例随社会出身的上升而递增。

表 2.8　研究对象

社会学专业大学生

研究对象 父亲的社会-职业属类	欧洲 %	不发达国家或人种学 %	总计 %
农民、工人、一般雇员、低级职员	**44**	56	100
手工业者、商人	42	58	100
高级职员、自由职业者	26.5	**73.5**	100

当问及社会学专业的大学生，喜欢研究自己所处的社会或第三世界国家及人种学时，人们发现，社会出身越高，选择的"异国情

---

① 在这些混合式学习计划中，有的属古典式（法学与社会学），有的则出人意料，是语言（或文学）与社会学。甚至经常出现这样的情况：出身于最富有阶级的大学生，把分属于两个以上专业和几个学院的课程并列在自己的学习计划之内。

调"越浓。

表 2.9、2.10 对结社的态度

女大学生

父亲的社会-职业属类 \ 对结社的态度	参加 %	无动于衷或反对 %	总计 %
农民、工人	**70.7**	29.3	100
一般雇员、商人、低级职员	60.8	39.2	100
中级职员	60.6	39.4	100
高级职员、自由职业者	53.1	**46.9**	100

社会学专业大学生

父亲的社会-职业属类 \ 选学情况	负责人 %	一般成员 %	无动于衷或反对参加任何组织 %	总计 %
农民、工人、一般雇员、低级职员	18	**71**	11	100
手工业者、商人、中级职员、高级职员、自由职业者	16	50	**34**	100

无论在女大学生中还是在社会学专业的大学生中,参加学生组织的比例在出身最低者中最高。但对作为负责人的学生来说,差异似乎消失:出身于上、中层阶级的大学生担任负责人的比例与此类学生参加学生组织的低比例不符。

表 2.11 学生年龄与社会出身

对大学新生的统计表明,在不同阶级出身的大学生的年龄分布中,阶级出身越高,标准入学年龄的大学生占的比例越大(即他们在本阶级出身的全体大学生中占的比例)。或者说——实际上是同样的意思,出身越高,分布越有规律(见下表不同社会出身的大学一、二年级学生年龄的分布:标准年龄、中位数、平均数、均方根偏差)。下层阶级出身的大学生的年龄分布甚至呈双模态。随着年级的升高,年龄分布的差异越来越大,年龄最小的学生首先在出身于下层阶级的大学生中消失。近年来的另一个趋势是,下层阶级出身的大学生的比例有所回升。这里,人们发现了此类大学生的又一个不利——在学习中停滞不前。这使他们的学习时间比别人长,使他们在按社会出身进行的统计中占的比例相对扩大,也在一定程度上模糊了他们深受其害的淘汰现象。

要想说明上层阶级出身的大学生停滞不前的原因(这些大学生标准年龄的提高),应当做出与大学生在避难专业的分布相同的解释(见第18—19页)。

父亲的 社会-职业属类	标准年龄		中位数		平均数		均方根偏差	
	一年级	二年级	一年级	二年级	一年级	二年级	一年级	二年级
下层阶级	19	20	20	21	20—5[①]	21—8	1.88	2.10
中层阶级	19	20	19	21	19—10	21—1	1.72	1.69
上层阶级	19	21	19	20	19—7	20—10	1.48	1.58
各阶级	19	20	19	21	20	21—2	1.72	1.74

---

① 20—5应读作20岁5个月,下同。

130 继承人——大学生与文化

152

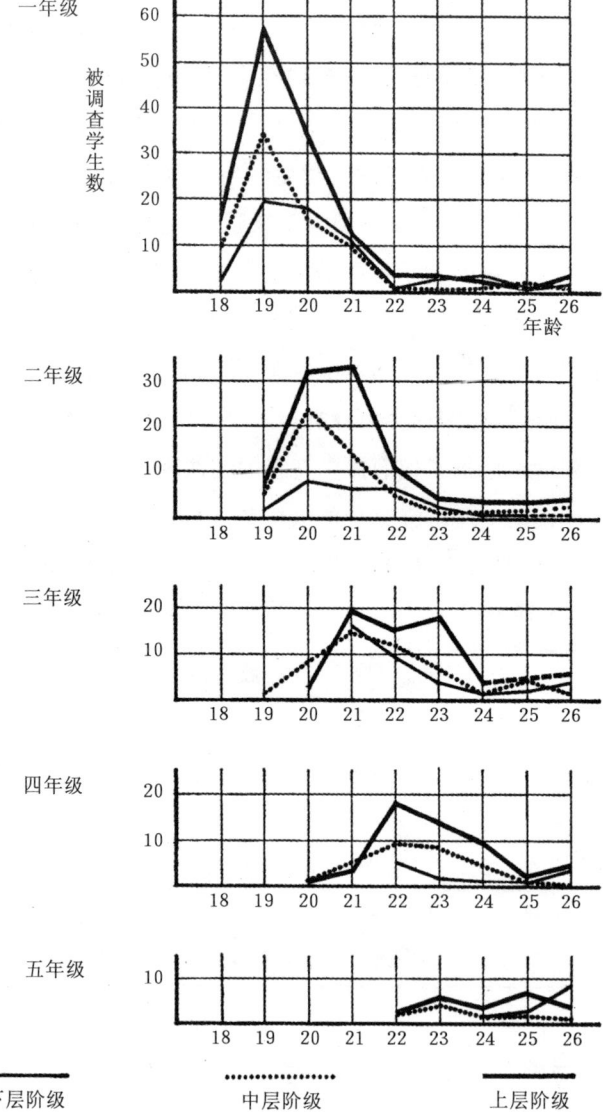

表 2.12 相互了解的情况
（每个属类大学生认识同学的数量）

认识同学的程度 父亲的社会-职业属类	A*	A 或 C*	A 或 C 或 N 或 V*
农民、工人	2.2	6.5	14.4
一般雇员	2.8	8.5	18
中级职员	3	7.1	15
工商业主	4	9.1	21
高级职员、自由职业者	4.3	9.6	19
平均	3.2	8.4	19

* A:共同参加过一段时间的活动,
C:至少有过一次谈话,
N:只知道姓名,
V:只认识面孔。

我们看到,每个大学生认识同学的平均数量随出身的升高而增加,而增加幅度又以较深的认识为更大:通过各种途径认识的同学的总数由 14 人到 19 人,进行过谈话者由 6 人到 9 人,共同参加过活动者(较深认识的标准)由 2 人到 4 人。

132　继承人——大学生与文化

表 2.13　在阶梯教室的位置与认识同学的数量
（每个大学生认识同学的平均数）

认识程度 自己在教室里的位置	A*	A 或 C	A 或 C 或 N 或 V
前三分之一	5.1	9.7	23
中间三分之一	3.4	8.6	17
后三分之一	2.3	7.1	15
平均	3.2	8.4	19

* A:共同参加过一段时间的活动，
C:至少有过一次谈话，
N:只知道姓名，
V:只认识面孔。

我们看到,不管认识程度如何,每个学生认识同学的数量随他在教室中所处的位置由前向后依次递减。学生在教室中的位置大致反映了他们在教育系统中是否感到舒服和保险,这与有文化教养的阶级特有的社交技巧不无关系。

社会出身与戏剧知识

表2.14、2.15 随父亲的社会-职业属类及本人接触作品的方式变化

准备学士学位的大学生

父亲的社会-职业属类 \ 接触剧本数 接触方式	看演出（人）					中位数	广播、电视（人）					中位数	看剧本（人）					中位数
	0	1—3	4—8	9—14	15—18	共计		0	1—3	4—8	9—14	15—18	共计		0	1—3	4—8	9—14	15—18	共计	
工人、农民	5	8	11			24	1—3	9	10	5			24	1—3	1	2	7	13	1	24	9—14
一般雇员	9	21	24	2		56	1—3	14	22	12	8		56	1—3	2	1	28	22	3	56	4—8
手工业者、商人	4	16	17	4		41	4—8	12	18	9	2		41	1—3		5	19	14	3	41	4—8
中级职员	7	21	23	7		58	4—8	13	22	20	3		58	1—3	1	3	23	29	2	58	9—14
高级职员	9	21	58	25	3	116	4—8	40	38	33	5		116	1—3	3	6	48	54	5	116	9—14
共计（人）	34	87	133	38	3	295	4—8	88	110	79	18		295	1—3	7	17	125	132	14	295	4—8
未答复者（人）	1	8	7	3		19		6	8	5			19				11	8		19	
总计（人）	35	95	140	41	3	314	4—8	94	118	84	18		314	1—3	7	17	136	140	14	314	4—8

对中位数的简单比较表明，看演出的数量随出身升高而增加。在各种情况下，标准为4—8，但一部分高级职员子弟（1/4）高于本类学生和全体大学生。对各类学生来讲，阅读剧本都是接触戏剧的最常见方式。电视和广播两种方式之间没有明显差别。

全部抽样

父亲的社会-职业属类	看演出			广播、电视			看剧本		
	不足三个作者%	三个作者以上%	人数	不足三个作者%	三个作者以上%	人数	不足九个作者%	九个作者以上%	人数
农民	66	34	42	78	22	42	54	46	42
工人	82	18	29	41	59	29	68	32	29
一般雇员,低级职员	66	34	144	55	45	144	59	41	144
手工业者,商人	62	38	98	63	37	98	61	39	98
中级职员	58	42	117	56	44	117	50	50	117
高级职员	39	61	251	59	41	251	52	48	251
抽样总数	374	307	681	404	277	681	378	303	681

调查结果表明,通过看演出了解戏剧的情况按社会出身分成等级。由于在看演出方面高级职员的子弟与其他大学生有明显区别,我们就把他们分成两类,他们之间的统计结果差别明显:$x^2=31.27$,显著性水平为$P.01$。

表 2.16 对不同戏剧作品的了解

准备学士学位的大学生

作品的性质 父亲的 社会-职业属类	A* 人数	占抽样%	B 人数	占抽样%	C 人数	占抽样%	D 人数	占抽样%	抽样人数
农民、工人	22	92	20	83	8	30	13	54	24
一般雇员、手工业者、商人、中级职员	148	94	137	88	88	57	89	57	155
高级职员	111	96	106	91	84	72	78	67	116

* A：古典作品（雨果、马里沃、莎士比亚、索福克勒斯），
　B：近代著名作品（加缪、克洛岱尔、易卜生、蒙代尔朗、萨特），
　C：先锋派作品（布莱希特、贝克特、尤内斯库、皮兰德娄），
　D：通俗戏剧（阿沙尔、艾梅、费多、卢森）。

不管社会出身如何，大学生了解最多的都是著名作品（尤其是学校公认的名作）。

但剧作的性质随社会出身而变化：出身于下层阶级者（工人、农民），对学校文化所推崇的名作兴趣很大（包括古典的和近代的），而对与学校联系较少的艺术兴趣很小；随着出身的升高，对以上两类作品的兴趣的差距逐渐减小，在高级职员出身的大学生中差距最小。

我们看到了知识移动的方向：既然出身于中下层阶级的大学生对戏剧的接触主要依靠学校组织（阅读），那么他们主要选择学校型作品一事就是十分正常的了；他们受家庭环境影响而产生的对学校和文化的态度只能强化上述倾向。

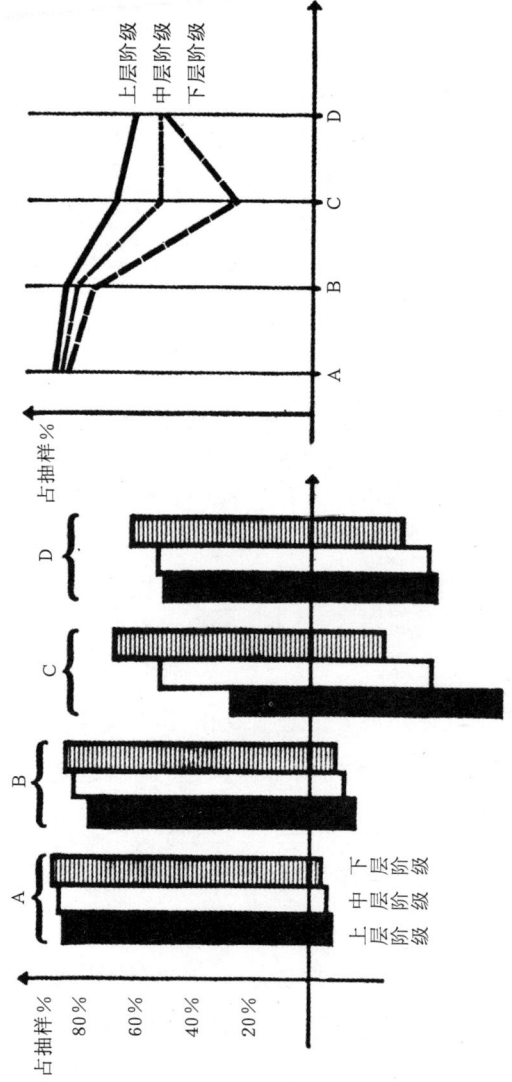

不同出身的大学生对先锋派作品的态度差异最大，下层、中层、上层阶级之间的统计数据差别十分明显（$x^2 = 15$，显著性水平为 P.01）。

表 2.17 看过的舞台剧平均数

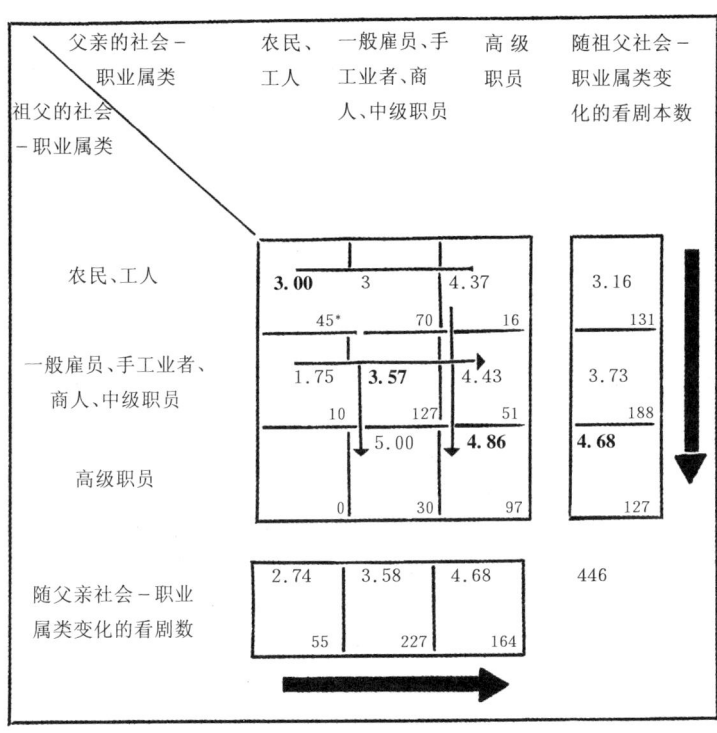

* 小号数字为该类抽样人数

从这里可以看出，出身的社会环境对大学生的文化行为的影响是如何之大。

大学生在剧场看戏的平均数不仅随父亲或祖父的社会－职业

138 继承人——大学生与文化

属类变化(粗箭头),或者随二者变化(即上表的对角线);而且如果一个为常数,另一个亦可单独决定名次,即祖父相当者,父亲地位越高学生看戏越多(沿水平方向看表),父亲相当者,祖父地位越高学生看戏越多(沿垂直方向看表)。

表 2.18 看过的剧本平均数

祖父的社会 -职业属类 \ 父亲的社会- 职业属类	农民、 工人	一般雇员、手 工业者、商 人、中级职员	高级 职员	随祖父社会- 职业属类变 化的看剧本数
农民、工人	**7.93** 45*	7.75 70	9.12 16	7.98 131
一般雇员、手工业者、 商人、中级职员	8.87 10	**8.21** 127	8.37 51	8.28 188
高级职员		9.23 30	**8.55** 97	8.83 127
				446
随父亲社会-职业 属类变化的看剧本数	8.38 55	8.20 227	8.55 164	

* 小号数字为该类抽样人数

这里也可见到相同的趋势,但它远不如到剧场看戏明显。阅读剧本可以在无法直接接触戏剧的情况下起到补偿作用。

社会出身与音乐知识

表2.19、2.20 音乐知识随父亲的社会－职业属类及本人接触作品的方式变化准备学士学位的和大学预科的学生

接触方式 父亲的社会 －职业属类	音乐会(人)			中位数	广播、电视(人)				中位数	唱片(人)				共计	中位数
	0	1—3	4—10		0	1—3	4—10	8—10		0	1—3	4—10	8—10		
农民	45	12	14	**0**	9	13	40	9	4—7	4	14	44	9	71	4—7
一般雇员	73	40	31	**0**	22	21	77	24	4—7	12	15	99	18	144	4—7
手工业者、商人、中级职员	98	66	51	1—3	35	46	100	34	4—7	10	26	157	22	215	4—7
高级职员	103	63	85	1—3	37	46	122	46	4—7	5	21	195	30	251	4—7
共计	319	181	181	1—3	103	126	339	113	4—7	31	76	495	79	681	4—7
未答复者	35	16	7	**0**	10	8	32	8	4—7	7	13	28	10	58	4—7
总计	354	197	188	1—3	113	134	371	121	4—7	38	89	523	89	739	4—7

中位数的简单比较，在这里再一次表明，通过听音乐作品的数量随出身的升高而增加，它说明通过音乐会了解音乐作品的情况明显呈双模态，即列在0项和4—10项者居多（其中三分之一的记录达到或超过最高标准。另外，高级职员子弟听音乐会的直接接触少于通过唱片的间接接触。这里可以发现高级职员子弟的一个颇具特色的倾向，其中不少人（三分之一或四分之一）的高记录使他们有别于本类中的其他人和全体大学生。这似乎表明，与社会出身高高有关的文化特权并非在所有情况下都起同样的作用。

161

表 2.20　音乐知识与父亲的社会－职业属类

(学生在被调查时提到的音乐家数*)

音乐家 父亲的 社会-职业属类	莫扎特	贝多芬	巴赫	勃拉姆斯	德彪西	斯特拉文斯基	沙布里耶	巴莱斯蒂纳	韦伯	布莱	总次数
农民、工人	62	66	60	54	38	29	21	7	8	1	71
一般雇员、低级职员	127	129	122	105	91	78	57	20	13	1	142
手工业者、商人	91	88	86	74	62	56	31	21	9	2	97
中级职员	107	111	104	100	85	80	38	14	19	3	118
高级职员	240	232	221	205	191	167	83	42	33	9	245
总计	627	626	593	538	467	410	230	104	82	16	673

* 不分接触方式是音乐会还是唱片

总体来看,古典作曲家比近代作曲家占优势,大家一致公认的(提到 500 次以上者)是莫扎特(627 次)、贝多芬(626 次)、巴赫(593 次)和勃拉姆斯(538 次)。一些作曲家的名字似乎与阶级文化习惯有相当的联系,因为他们被提到的次数因学生的社会出身而明显不同。斯特拉文斯基($x^2=17.2$)和德彪西($x^2=17.7$)就属于这种情况。

年龄的影响

表 2.21—2.28

表 2.21、2.22　政治倾向

哲学专业

年龄	左极左%	中间%	右极右%
21 岁以下	**68.5**	22.5	9
21—25 岁	69	15.5	15.5
25 岁以上	44	50	6

社会学专业

年龄	左极左%	中间%	右极右%
21 岁以下	51	29	20
21—25 岁	60	24.5	15.5
25 岁以上	**76**	22	2

表 2.23、2.24 宗教信仰

哲学专业

年龄	天主教%	非天主教%
21 岁以下	68.5	**31.5**
21—25 岁	81.5	18.5
25 岁以上	**91**	9

社会学专业

年龄	天主教%	非天主教%
21 岁以下	**84**	16
21—25 岁	80	20
25 岁以上	67.5	**32.5**

我们发现,在很多情况下,社会学和哲学专业的大学生中,与年龄有关的变化呈相反方向。在哲学专业,参加宗教的人数随年龄的增加而增加;在社会学专业则随年龄的增加而减少。相反,在哲学专业,持极左政治观点者随年龄的增加而减少,在社会学专业则随年龄的增加而增加。为了了解这些表面奇怪的现象,首先应该看到,哲学专业是当教师的好途径,而社会学专业的出路相对来讲不确定,因此后者成为那些往往来自更古典专业的大学生的收容所。如果能想到在校时间长是学习失败或对大学不适应的标志,人们就可以得出结论,在这个群体中,资格老代表着该群体的真实趋势,甚至是它的病理。还有,如果知道社会学专业的大学生比其他大学生更强烈地赞同知识分子的价值观,人们就能理解该专业的老学生体现着典型"知识分子"的最突出形象。

表 2.25 居住情况

年龄	在父母家 %	单独住 %	住学校 %	
21 岁以下	**57**	30	13	(214)
21—25 岁	30	58	12	(171)
25 岁以上	10	**78**	12	(66)

表 2.26 课余打工情况

年龄	打工 %	不打工 %
21 岁以下	18	**82**
21—25 岁	32.5	67.5
25 岁以上	**62**	38

表2.27 对政治生活的态度

年龄	积极分子一般成员 %	同情者 %	漠不关心 %
21 岁以下	15	58	27
21—25 岁	27	49	24
25 岁以上	21	69	10

表2.28 对结社的态度

年龄	负责人 %	一般成员 %	漠不关心反对 %
21 岁以下	12.5	57	30.5
21—25 岁	16	53	31
25 岁以上	27	62	11

男生与女生

表2.29—2.38

表2.29 居住情况

性别	在父母家 %	单独住 %	住学校 %	
男	34	52	14	(232)
女	46	43	11	(223)

表2.30 课余打工情况

性别	打工 %	不打工 %
男	31	69
女	22	78

表2.31 职业计划

性别	科研 %	教学 %	大学以外的职业 %
男	20.9	61.5	17.6
女	13	80.5	6.5

表2.32 对学习的自我评价

性别	不及格 及格 %	良 优 %
男	36	64
女	53	47

表2.33 所看书籍的性质

性别	与学习有关 %	与学习无关 %
男	54	46
女	66	34

表2.34 有记载的文化生活

性别	看过的戏 %	看过的电影 %	听过的音乐会 %	看过的画展 %
男	10	17	5	3
女	19	27	9	8

表 2.35 对结社的态度

性别	负责人 %	一般成员 %	漠不关心 %	反对 %
男	23	54	23	
女	7	58	35	

表 2.36 对政治生活的态度

性别	积极分子 %	一般成员 %	漠不关心 %	反对 %
男	29	51	20	
女	12	60	28	

我们发现,在结社活动和政治生活中,男女生在一般成员方面差别不大,但在负责人的比例方面差别加大。

表 2.37 女大学生的居住情况与政治态度

居住情况	积极参加 %	同情 %	漠不关心或反对 %
在父母家	19.5	49.5	31
单独住	32	38.5	29.5
住学校	46	25	29

表 2.38 女大学生的居住情况与结社情况

居住情况	参加学生会 %	未参加学生会 %
在父母家	53	47
单独住	60	40
住学校	83	17

表 2.39 波兰大学一年级新生的社会出身
(1951—1952 至 1961—1962 学年)①

学年\出身		工人	农民	知识分子	学年\出身		工人	农民	知识分子
51—52 % ②	报名	31.7	22.2	46.1	57—58 %	报名	26.2	21.6	52.2
	录取	39.1	24.9	36.0		录取	25.0	21.1	53.9
52—53 %	报名	32.8	23.8	43.4	58—59 %	报名	27.3	21.0	51.7
	录取	35.9	25.1	39.0		录取	27.8	21.3	50.9
53—54 %	报名	31.5	24.9	43.6	59—60 %	报名	26.9	20.1	53.0
	录取	33.9	25.9	40.2		录取	28.2	20.1	51.7

---

① 扬·施柴潘斯基(Jan Szczepanski):《高等教育的社会学问题》(Socjologiczne zagadnienia wyzszego wyksztatcenia),1963 年。

② 在每个学年中,第一行数字为本类报名者在全部报名者占的比例。

续表

54—55 %	报名	32.0	24.4	43.6	60—61 %	报名	26.4	19.0	54.6
	录取	34.6	24.4	41.0		录取	27.0	19.3	53.7
55—56 %	报名	32.5	25.0	42.5	61—62 %	报名	27.6	18.9	53.5
	录取	32.2	24.0	43.8		录取	27.9	19.4	52.7
56—57 %	报名	34.3	25.1	40.6					
	录取	30.7	22.0	47.3					

我们看到,从1957年起,工人(或农民)出身的大学生在录取总人数中的比例不再高于此类学生在报名人数中占的比例。我们甚至还看到,工农子弟在大学生中的比例有下降的趋势,前者从30%降到27%,后者从24%降到19%。另外,我们还可以发现,即使有优先提高劳动人民入学率的政策,农民还是处于比工人更不利的地位:工人子弟中被大学录取者的比例一直高于农民子弟,而工业和建筑劳动者占全国就业人口的28%,农业劳动者占48%。①

匈牙利的入学机会与社会出身
表2.40—2.43

表2.40 不同出身的大中学生的分布②

家长的社会-职业属类	每千个家庭中的学生数			
	中学生	技校生	中学生总数	大学生
高级干部、知识分子	142	24	166	31

---

① 据《1962年统计年鉴》(*Rocznik statystyczny 1962*):波兰1960年的人口分布。
② 费尔盖·山道尔尼(Ferge Sandorne):《统计评论》(*Statisztikai szemle*),1962年10月。

续表

其他干部	108	32	140	25
全体干部	**121**	**29**	**150**	**28**
技术工人	59	55	114	9
熟练工人	44	52	96	7
非技术工人	33	47	81	5
全体工人	**48**	**52**	**100**	**7**
各类人员	69	46	115	13

人们看到,高级干部子弟的入学机会都高,而且教育层次越高,他们与别人的差距越大:他们上中学和大学的机会,分别是工人子弟的2.5倍和4倍。另外,中等教育的类型也与社会出身有关,在中学阶段,工人子弟主要进技术学校。

人们看到,从小学到高中,社会出身一直决定着学生的成功机会。越是属于在文化方面处于有利地位的阶级,学生成功的机会越多(我们用父亲的社会-职业属类或家长得到的最高文凭来表示学生的社会出身)。随着年级的升高,机会分配不均的情况有所

表 2.41 分数与社会出身

学校类型	平均分数①		干部子女分数与工人子女分数之比(%)
	干部子女	工人子女	
小学 1—4 年级	4.01	3.40	117.9
小学 5—8 年级	3.72	3.16	117.7
中学	3.47	3.19	108.8

---

① 实行 1—5 的 5 级分制。

表 2.42　学习成绩与父亲的社会-职业属类①

父亲或母亲的社会－职业属类	小学生 1—4 年级		小学生 5—8 年级		中学生	
	成绩好	成绩不好	成绩好	成绩不好	成绩好	成绩不好
高级干部、知识分子	49	3	34	6	20	15
中级干部	34	4	24	12	17	15
全体干部	**40**	**4**	**28**	**10**	**18**	**14**
技术工人	21	10	13	17	9	19
熟练工人	17	16	11	23	7	19
非技术工人	8	24	6	29	14	20
全体工人	**17**	**15**	**11**	**21**	**10**	**19**

表 2.43　学习成绩与家长受教育水平②

父亲或母亲的最高文凭	小学生 1—4 年级		小学生 5—8 年级		中学生	
	成绩好	成绩不好	成绩好	成绩不好	成绩好	成绩不好
大学	49	2	41	2	22	10
高中	40	1	29	7	16	8
8 年制小学	25	8	16	14	13	17
不足 8 年	13	19	8	26	9	20

减弱(干部子弟的优势在小学为 117%,到了高中为 108%)。但是不应忘记,处于不利地位阶层的子女不断地被淘汰。到了高中,剩下的是按不同的严格程度选择的干部子女和工人子女。

---

① 取得最好和最坏成绩的学生占本属类学生的百分比。
② 同上。

大学生与教学语言

表2.44—2.49

为了衡量大学生理解和使用教学语言的能力，我们进行了一次词汇测验。题目分成几类，都根据可以客观听到的教师谈话编制而成，其目的是检查语言使用的两个方面：一是几类词汇，从学校最常用的到具体的或自由文化的应有尽有；一是几种水平的语言行为，从理解一个词在上下文中的含义到使用词汇的最活泼形式，如明确理解一个词的多种含义或者完整说出一个定义。

这一调查揭示了两个基本事实，即高等教育中的语言隔阂之大和语言遗产的决定作用。但是，如果不考虑按社会出身、性别或过去所受教育的性质分类的各种人在以往的教育中已经受到不平等的选择，那就无法全面系统地解释上述分析标准所显示出来的各种差异。所以，统计分析所揭示的关系与表面现象相反，并非建立在一个由上述标准定义的群体和成功的程度之间。比如，一次语言测验的结果，绝非受其过去学业、社会出身、性别甚至所有这些标准共同限定的大学生的事，而是一个具有这些特征的群体的事。该群体受到的通过失败进行的淘汰的程度，与由另外特点定义的群体不同。换句话讲，如果认为，在时间中受社会出身、性别等因素的持续作用所决定的某种经历所定义的人口的同步关系，只有在把职业生涯作为唯一具体的全体性的情况下才能具有自己的全部意义，可以从这些同步关系中直接并专门地抓住上述因素的影响，甚至是交叉的影响，那就是做出了一个不合逻辑的推理。

表 2.44　语言的运用与社会出身及所受教育

	没学过拉丁文和希腊文者			学过拉丁文者			学过拉丁文和希腊文者			全体学生		
	下层阶级%	中层阶级%	上层阶级%	下层阶级%	中层阶级%	上层阶级%	下层阶级%	中层阶级%	上层阶级%	下层阶级%	中层阶级%	上层阶级%
12分以下…①	52	54	39	48	58	52	38.5	55	26.5	46	55	57.5
12分以上…	48	46	61	52	42	48	61.5	45	73.5	54	45	42.5

如果社会出身带来的不利主要体现在学习方向上，那么下面的情况就是正常的：在接受最具古典性和最不具古典性的教育时，高级职员的子女成绩最好；而出身于下层阶级的大学生的成绩则在学过拉丁文的小组②中超过了前者。这是因为，下层阶级出身的大学生学习拉丁文，在他们的家庭中纯属新鲜事，而且因为他们属于其中选择这一方向者并不多见的一个类别，必须表现出特殊的才能才可以进入这一方向并坚持下去。类似现象在选择最古典方向的小组中也可看到。在那里，下层阶级出身的大学生的成绩与全体学过拉丁和希腊文的大学生的成绩十分接近（12分以上者分别占61.5%和62%），略低于上层阶级出身的大学生（73.5%）。这一事实说明，在这个小组中，他们可以和富有的大学生相比，而后者由于出身于有文化教养的阶层，占有种种优势，充分利用了他们的特权并从过去的学业中得到许多好处。

---

① 法国学校评分实行 20 分制。——译者
② 其古典性居中。——译者

如果沿着这一逻辑走到底,就应当估计到,随着对处于不利地位的阶级的选择越来越严格,语言测验成绩的顺序和社会出身等级的关系会逐渐颠倒过来。如果说不管出身如何,巴黎大学生的成绩均高于外省大学生,那么差距仍以下层阶级出身的大学生为最大(巴黎成绩好者占91%,外省为46%;而在上层阶级出身的大学生中,巴黎和外省分别为65%和59%)。在巴黎,好成绩比例最高的是出身于下层阶级的大学生,然后依次是出身于中层阶级和上层阶级的大学生。要想理解这一通常关系为什么会颠倒过来,就必须认识到住在巴黎所带来的文化氛围,既与语言优势有关,也与更严格的选择有关。如果用相对值(+或-)来表示不同情况下学生受家庭环境和选择的严格程度影响的语言优势,就能看到只要把相对值综合起来,便可了解语言测验成绩的顺序(见下表)。

表 2.45、2.46 语言的运用与社会出身及居住地点

	巴黎			外省			全国		
	下层 %	中层 %	上层 %	下层 %	中层 %	上层 %	下层 %	中层 %	上层 %
12分以下	9	31	**35**	54	**60**	41	46	**55**	42.5
12分以上	**91**	69	65	46	40	**59**	54	45	**57.5**

		语言优势	入大学时的选拔		语言水平
下层阶级出身者	巴黎	−	+	+	→	+
	外省	−	−	+	→	−
中产阶级出身者	巴黎	−		+	→	0 (+)
	外省	−		0	→	−
上层阶级出身者	巴黎	+	+	−	→	0
	外省	+		−	→	0

"+"和"−"标志着每组学生的相对值,"0"意味着处于中间状态。

表 2.47　语言能力与性别及所受教育

	没学过拉丁文和希腊文者		学过拉丁文者		没学过拉丁文和希腊文者		各种学生	
	男生%	女生%	男生%	女生%	男生%	女生%	男生%	女生%
12 分以下	34	**60**	39	**58.5**	**41.5**	36	38	**54**
12 分以上	**66**	40	**61**	41.5	58.5	**64**	**62**	46

百分比按列统计,每类里比例最高者用黑体字标出。

没有任何一种特殊情况可以不用选择的严格程度与成功程度的关系来解释。没学过拉丁文和希腊文或只学过拉丁文的男生的成绩高于受过同样教育的女生,学过希腊文和拉丁文的女生的成绩高于受过同样教育的男生(分数高于中位数的女生为 64%,男生为 50.5%)。惯例的颠倒可以用下面事实做出无可辩驳的解释:女生接受此种教育的机会比男生少,所以接受这种教育的女生受到了比男生更为严格的选择。

这里,如果还用相对值表示不同性别和出身的学生进入大学和文学院后所具有的与社会出身和淘汰率有关的语言优势,就可以看到,只需把这些相对值加以综合,就能解释每组学生在定义练习中所得成绩的优劣。

表 2.48、2.49　语言水平与性别及社会出身

		语言优势	入大学时的选择	入文学院时的选择		语言水平
下层阶级	男生	−	+	+	→	+
	女生	−	+ · +	− −	→	−
中层阶级	男生	−	0	+	→	0
	女生	−	0	−	→	−
上层阶级	男生	+ +	− −	+ +	→	+ +
	女生	+ +	− −	−	→	

	下层阶级		中层阶级		上层阶级		全体学生	
	男生%	女生%	男生%	女生%	男生%	女生%	男生%	女生%
12分以下	35.5	53.5	43	60.5	33	47	38	54
12分以上	64.5	46.5	57	39.5	67	53	62	46

此处用"＋"或"－"表示的相对淘汰率,大致反映了各类学生进大学的机会和进入文学院的条件概率(见第13页)。

大学遗产的不同效益

表2.50 各学院学生中教师子弟的比例

	文学院	理学院	医学院	药学院	法学院	各学院	全体居民
比例 I	1/3.2	1/7.4	1/8.6	1/11.7	1/12.8	1/6	1/7.4
比例 II	1/2.8	1/3.2	1/3.2	1/3.7	1/3.7	1/9.1	1/5.3

为了测量教师家庭出身给各学院学生带来的不同好处,我们使用了两个比例:即每个学院学生中大中学教师子弟数量与高级职员子弟总数之比(比例 I)和小学教师及同类人员子弟数量与中级职员子弟总数之比(比例 II)。把这样的比值与全体居民中大中学教师数量与高级职员总数之比和小学教师数量与中级职员总数之比(分别为1/7和1/5)加以比较,可以看出教师子弟只是在文学院和理学院能与之成正比(对两类人员而言)。

理学院中的放逐现象

表2.51—2.53

理学院中的工人子弟比文学院多。另外,就可观察到的

1960—1965年的招生而言,理学院受民主化的影响要比其他学院大:工人子弟比例从8.5%上升到15%,而同一时期工人子弟在高等教育中占的比例仅从7%上升到11%。但是,如果不考虑理科学生的其他道路,首先是大学校预备班,就无法全面解释这一现象。如果说进入高等教育机会很少的工人子弟入学后学理科的比例超过1/2,就应当指出,他们极少进大学校预备班,在那里他们仅占学生总数的6%。在大学校里,工人子弟的比例更小,在高等师范学校为1.9%,综合技术学校为2%。所以,理学院招生的表面民主性实际掩盖着一种放逐的结果。

表2.51 不同高教机构理科大学生的社会出身

	大学理学院 (1964—65) %	大学校预备班 (1963—64) %	高师理科专业 (1965—66) %
农民	8.5	3.4	2.9
工人	13.5	6.0	1.9
一般雇员	9.5	6.2	2.9
手工业者、商人	13.5	7.2	8.9
中级职员	22.0	16.0	16.0
高级职员	33.0	61.2	67.4
总计	100	100	100

表2.52 不同中学的第一年级及中学不同科的第一年

学校与学科 家长的 社会-职业属类	市立普通 中学%	私立中学 %	国立中学 %	现代科 %	古典科 %
农民	51.5	20.0	28.5	73.0	27.0
工人	59.0	5.5	35.5	80.0	20.0

续表

一般雇员	46.0	11.5	42.5	68.5	31.5
手工业者、商人	40.0	17.5	42.5	68.0	32.0
中级职员	35.0	10.5	54.5	**63.0**	37.0
小学教师	33.5	3.5	63.0	49.0	51.0
高级职员	14.0	**24.0**	**62.0**	31.5	**68.5**
科技人员	15.5	**28.5**	56.0	36.5	63.5
大中学教师	7.5	12.0	80.5	16.5	83.5

表 2.53 社会出身与修业方向

	S.P.C.N.%①	M.P.C.%①	M.G.P.%①
农民	**31**	45	24
工人	23	**49**	28
一般	24	**49**	27
手工业者、商人	24	47	29
中级职员	25	41	34
小学教师	23	40	37
高级职员	24	39	37
科技人员	21	31	**48**
大中学教师	21	23	**56**

另外,出身于下层阶级的大学生被放逐到理学院的情况从他们一上中学就开始了:他们往往是进市立普通教育中学,即几乎是自动地进现代科。他们没有别的办法,只能把被迫的选择当作自己的志愿。

在理学院内亦可见到相同的放逐现象:学术界对不同系科评

---

① 三者分别为物理化学自然科学及格证书、数理化及格证书、普通数学与物理学及格证书的缩写,其学术地位依次递增。——译者

价的顺序大致上与学生的社会出身相吻合：专业方向的地位越低，出身于下层阶级的学生越多。以上事例足以说明，保证文化遗产传递的机制即使在理学院以特殊形式出现，[1]它们在原则上与前面谈到的文学院的情况亦无多少不同。

---

[1] 见 M.德·圣马丁（M. de Saint-Martin）等：《理科专业第一阶段的大学生》(*Les étudiants en sciences du premier cycle*)，巴黎，欧洲社会学中心，1966年。

图书在版编目(CIP)数据

继承人:大学生与文化/(法)皮埃尔·布尔迪厄,(法)J.-C.帕斯隆著;邢克超译.—北京:商务印书馆,2021(2024.8重印)
(当代法国思想文化译丛)
ISBN 978-7-100-19570-6

Ⅰ.①继… Ⅱ.①皮…②J…③邢… Ⅲ.①高等教育—研究—法国 Ⅳ.①G649.565

中国版本图书馆 CIP 数据核字(2021)第 034470 号

权利保留,侵权必究。

当代法国思想文化译丛
继 承 人
—— 大学生与文化

〔法〕皮埃尔·布尔迪厄 著
J.-C. 帕斯隆

邢克超 译

商 务 印 书 馆 出 版
(北京王府井大街36号 邮政编码100710)
商 务 印 书 馆 发 行
北京市艺辉印刷有限公司印刷
ISBN 978-7-100-19570-6

2021年4月第1版 开本880×1230 1/32
2024年8月北京第4次印刷 印张5
定价:28.00元